THE LORD'S LEADERSHIP

살리는 리더 vs 죽이는 리더

지은이 | 이장로
초판 발행 | 2026. 2. 11.
등록번호 | 제1988-000080호
등록된 곳 | 서울특별시 용산구 서빙고로65길 38 두란노빌딩
발행처 | 사단법인 두란노서원
영업부 | 02)2078-3333   FAX | 080-749-3705
출판부 | 02)2078-3331

책값은 뒤표지에 있습니다.
ISBN 978-89-531-5261-8   03230

독자의 의견을 기다립니다.
tpress@duranno.com   www.duranno.com

두란노서원은 바울 사도가 3차 전도여행 때 에베소에서 성령 받은 제자들을 따로 세워 하나님의 말씀으로 양육하
던 장소입니다. 사도행전 19장 8-20절의 정신에 따라 첫째 목회자를 돕는 사역과 평신도를 훈련시키는 사역, 둘째
세계선교(TIM)와 문서선교(단행본·잡지) 사역, 셋째 예수문화 및 경배와 찬양 사역, 그리고 가정·상담 사역 등을
감당하고 있습니다. 1980년 12월 22일에 창립된 두란노서원은 주님 오실 때까지 이 사역들을 계속할 것입니다.

THE LORD'S LEADERSHIP

살리는 리더

죽이는 리더

두란노

예수의 리더십에서
길을 찾다

혼돈의 시대를 살아가는 우리는 참된 리더십의 부재를 깊이 통감합니다. 리더십의 위기 속에서 길을 잃고 방황하는 수많은 공동체와 조직은 그들이 나아갈 방향을 제시하고, 영감을 주며, 구성원들을 성장시키는 진정한 리더를 갈망하고 있습니다. 과거의 거래적(transactional)이거나 권위적이고 통제 지향적인 리더십 모델은 더 이상 시대의 요구를 충족시키지 못하며, 단지 개인의 성공과 이익만을 추구하는 리더들은 세상의 지탄을 받기 마련입니다. 과연 우리는 이 시대가 필요로 하는 리더십의 해답을 어디에서 찾을 수 있을까요?

이 책은 그 질문에 대한 심오하면서도 명확한 답변을 제시합니다. 그 해답은 인류 역사상 가장 위대한 리더이자 영원한 모범이신 예수 그리스도의 리더십에 있습니다. 단순히 과거의 한 인물을 추앙하는 것을 넘어, 예수님의 생애와 사역에 담긴 리더십 원리들을 현대 경영학 및 리더십 이론의 통찰과 결합하여, 오늘날 우리에게 절실히 필요한 리더십의 본질과 실천 방안을 제시하는 것이 이 책의 핵심적인 의도입니다.

이 책의 저술 의도와 차별성

이 책은 네 가지 분명한 목적을 가지고 쓰였습니다. 첫째, 예수님의 제자 된 우리 모두가 예수님의 리더십을 깊이 배우고 삶 속에서 실천함으로써 개인의 리더십 역량을 향상시키기를 바라서 입니다. 단순히 지적인 이해를 넘어, 변화된 삶으로 이어지는 실제적인 성장을 돕고자 합니다. 둘째, 사회 각 분야에서 활동하는 크리스천 리더들이 이 책을 통해 그들의 리더십을 스스로 평가하고 훈련하여, 각자의 자리에서 탁월한 리더십을 발휘하며 선한 영향력을 끼치기를 소망합니다. 셋째, 목회자를 비롯한 교회 지도자들이 현대 리더십 이론과 예수님의 리더십 모델, 그리고 세상에서 존경받는 리더들의 삶을 성찰함으로써 그들의 리더십을 새롭게 하고, 무너진 교회의 영향력을 회복하는 데 기여하고자 합니다. 마지막으로, 이 책을 통해 세상의 리더십 문화가 변혁되어, 모든 영역에 하나님이 기뻐하시고 귀하게 사용하시는 리더들이 많아지기를 간절히 기도합니다.

이러한 목적을 달성하기 위해 이 책에는 다음과 같은 강점과 차별성을 두었습니다.

첫째, 현대 리더십 4대 모델과 예수님의 생애에 통합적으로 접근합니다. 이 책은 단순히 예수님의 삶에서 몇몇 리더십 요소를 발췌하는 데 그치지 않습니다. 이 책은 진성, 섬김, 임파워링, 변혁이라는 4대 현대 리더십 모델을 예수님의 삶을 통해 조명합니다. 각 이론의 개요와 핵심 요소 등을 간략히 소개하고,

이어서 예수님의 삶과 사역 속에서 해당 리더십 모델이 어떻게 완벽하게 구현되었는지를 구체적인 성경적 근거와 함께 제시합니다. 이러한 방식은 독자들에게 현대 리더십 이론에 대한 학술적 이해와 동시에, 그 이론의 정점이자 본질이 예수 그리스도 안에 있음을 깨닫게 할 것입니다.

둘째, 세계적 리더들의 사례를 통해 생생한 리더십을 통찰합니다. 이 책은 각 리더십 모델을 설명하는 데 있어, 현대 리더십 이론과 예수님의 리더십 적용을 넘어, 실제 역사와 사회에 지대한 영향을 미친 세계적 리더들의 삶을 구체적인 사례로 제시합니다. 정치, 기업, 사회, 종교 각 분야에서 탁월한 리더십을 발휘했던 인물들의 성공과 실패, 그리고 그들이 보여 준 리더십의 본질을 심층적으로 분석합니다.

이러한 풍부한 사례들은 독자들이 추상적인 리더십 이론을 삶에 적용할 수 있도록, 구체적이고 실천 가능한 영감과 실천 방안을 제공할 것입니다. 독자들은 이들의 삶을 통해 리더십의 다양한 면모를 이해하고, 자신의 삶을 성찰하며, 예수님의 리더십이 현대 사회에서 어떻게 구현될 수 있는지를 깊이 있게 깨닫게 될 것입니다.

셋째, '하나님 나라 리더십'이라는 독보적인 종착에 도달합니다. 이 책의 가장 큰 차별점이자 백미는 5부에서 다루는 "하나님 나라 리더십"입니다. 앞서 다룬 네 가지 리더십 모델들은 각기 개인, 관계, 조직, 사회 차원의 리더십을 조명합니다. 그러나 "하나님 나라 리더십"은 이 모든 리더십을 아우르며, 하나님 나라라는 거대한 비전 아래 통합하는 새로운 리더십 패러다임입니다. 5부에서는 하나님 나라 리더십의 일곱 가지 핵심 요소를 제시하며, 예수님이야말로 하나님 나라를 세상에 가져오시고 그분의 리더십으로 이끌어가신, 진정한 하나님 나라 리더였음을 선포합니다. 이 내용을 통해 독자들은 자신의 리더십이 개인의 역량을 넘어 하나님의 위대한 계획 속에서 어떤 의미와 목적을 가지는지를 발견하게 될 것입니다.

이 책의 효용성

이 책은 학술적인 깊이와 성경적인 통찰을 겸비하면서도, 실제적인 삶에 적용 가능한 지침들을 제공합니다. 각 장의 말미에는 '소명 DNA 자기 평가 설문'과 '리더십 훈련 방법'이 포함되어 있어, 독자들은 책을 읽는 데 그치지 않고 자기 리더십의 현주소를 점검할 수 있습니다. 아울러 구체적인 개선 계획을 세울 수 있습니다. 이는 단순히 이론을 나열하는 것이 아니라, 독자 개개인의 삶의 변화와 영향력 강화를 돕는 강력한 도구가 될 것입니다.

또한, 이 책은 특정 직분이나 역할에 한정되지 않고 가정, 직장, 학교, 교회, 사회 공동체 등 삶의 모든 영역에서 리더십을 발휘하고자 하는 모든 크리스천에게 유용합니다. 젊은이들에게는 리더십의 바른 기초를 세우는 길잡이가 되고, 이미 리더의 자리에 있는 이들에게는 스스로의 리더십을 갱신하고 더욱 탁월하게 발전시킬 수 있는 통찰을 제공할 것입니다. 특히 목회자와 교회 지도자들에게는 예수님의 리더십을 통해 교회 공동체를 건강하게 세우고 세상에 긍정적인 영향력을 미치는 데 필요한 영적, 실천적 자원을 제공할 것입니다.

이 책을 통해 독자들이 참된 리더십의 근원인 예수님께로 시선을 돌리고, 그분을 본받아 삶의 모든 영역에서 하나님이 기뻐하시는 리더로 성장해 나가기를 기대합니다. 이 책이 우리

사회와 교회를 변화시키는 데 작은 불씨가 되어, 세상의 빛과 소금의 역할을 감당하는 수많은 예수님의 제자들이 하나님 나라 리더십을 갖추기를 소망합니다. 이제 그 위대한 여정에 동참할 당신을 초대합니다.

2026년 2월

이장로

목차

1부
마음을 움직이는
진성 리더십

거짓을 벗어던지라!
사람들은 진짜 리더를 찾고 있다

1부
마음을 움직이는
진성 리더십

거짓을 벗어던지라!
사람들은 진짜 리더를 찾고 있다

"리더를 믿고 따라가야 하는데,
마음이 좀처럼 움직이지 않는다"

1장

믿고 따르게 만드는
진성 리더십

진성 리더십(Authentic Leadership)은 리더의 진성(authenticity, 진성성)에 초점을 맞춘 개인 차원의 영향력 과정입니다. 진성은 개인이 자기 스스로를 아는 것(자기 인식)과 자기 내면의 생각, 감정, 가치관 등과 일치하도록 행동하는 것(자기 규제)을 포함합니다. 이런 진성은 개인이 자기 내면과의 영향력 과정을 통해 발달합니다. 그리고 리더의 진성은 타인과의 만남이나 생애의 중대 사건(예를 들면 사도 바울의 회심)을 경험하며 강화됩니다.

진성 리더는 자신의 진정한 자아를 깊이 깨닫고, 신념과 가치관에 따라 일관성 있게 행동하며, 다른 리더들을 모방하지 않고 독창적으로 행동합니다. 또한 투명하고 윤리적인 관계를 통해 구성원들의 신뢰와 헌신을 이끌어 내는 리더십을 나타냅니다. 또한 진성 리더는 조직 내외부의 구성원들에게 깊은 영감을 주고, 긍정적이고 신뢰할 수 있는 문화를 조성하며, 장기적인 성공과 지속 가능한 발전을 이끌어 내는 데 필수적인 역할을 수행합니다.

리더의 진성은 타고난 특성이 아니라 후천적 경험에 의해서 리더의 내부에서 발달합니다. 사미르와 아일람(B. Shamir&G. Eilam)에 의하면 리더의 진성은 그 리더의 인생 여정이나 그 여정에서 일어난 중대 사건의 경험과 거기서 깨달은 의미를 통해 개발된다고 말합니다. 다시 말하면, 진성 리더는 자기만의 독특한 삶의 이야기들(Life-stories)을 가지고 있으며 그것이 그의 진성을 형성한다고 주장합니다. 리더는 자기 속사람과 겉사람 사이의 내적 상호작용을 하게 되고, 이런 자기 영향력 과정(Self-leadership)을 통해 리더의 진정성이 나타납니다.

2장

예수님의 삶에서 발견한 진성 리더의 덕목

메드트로닉(Medtronic)의 전 CEO이자 하버드 비즈니스 스쿨 교수였던 빌 조지(Bill George)는 그의 저서들을 통해 진성 리더십을 대중화하는 데 기여했습니다. 빌 조지는 125명의 리더들을 인터뷰하면서 진성 리더들의 다섯 가지 특성을 발견했습니다. 그것은 목적, 가치관, 유대관계, 자제력, 긍휼입니다. 이 특성들은 진성 리더의 덕목으로써, 예수님의 사역을 살펴보면 더 깊이 이해할 수 있습니다.

자기 희생이라는 궁극적 목적을 가지심

예수님은 세상의 죄를 대속하고 인류를 구원하는 궁극적 목적을 가지고 이 땅에 오셨습니다. 그분은 섬김을 받으러 온 것이 아니라 오히려 섬기러 왔고, 많은 사람을 구원하기 위한 몸

값으로 자기 생명을 내주려고 오셨습니다(막 10:45). 거칠게 말하면 살기 위해 오신 것이 아니라 죽기 위해 오신 것입니다. 예수님은 자기가 희생하면 사람들이 영생을 얻게 되리라는 것을 알았기에 십자가를 지셨습니다. 십자가라는 최종 목적을 향해 한 치의 흔들림 없이 나아간 그분의 삶은, 리더에게 사명의 절대성이 얼마나 강력한 에너지가 되는지 보여 줍니다.

이처럼 진성 리더는 목적(purpose)을 가지고 열정적으로 행동합니다. 해야 할 일이 무엇이고, 그 일의 목적이 무엇인지를 알고 있습니다. 그뿐만 아니라 주어진 일에 열정적이고 그 일을 소명으로 생각하며 자신을 희생합니다.

가치관과 행동이 일치하심

예수님의 가치관(values)은 하나님 사랑과 이웃 사랑으로 요약할 수 있는데, 그분의 행동은 완전히 이 가치관과 일치했습니다. 그러나 당시 종교 지도자들은 속과 겉이 다르게 외식했기에 예수님은 그들을 꾸짖으셨습니다. 예수님은 세리 삭개오와 죄인들의 집에서 식사하셨고, 외식하는 종교 지도자들에게는 "나는 의인을 부르러 온 것이 아니요 죄인을 부르러 왔다"고 선포하셨습니다(마 9:13). 예수님의 말씀과 행동은 소외된 약자를 먼저 품는 하나님의 사랑이라는 가치관에 완벽하게 일치했습니다.

진성 리더는 자신의 뚜렷한 가치관을 가지고 있으며 그에 따라 행동합니다. 다시 말해서, 진성 리더는 자신이 누구이며, 어디로 가고 있으며, 어떻게 행동하는 것이 올바른가를 알고 행동합니다. 진성 리더는 내적 자아(가치관)와 외적 자아(행동)가 일치하기에 외부 상황에 흔들리지 않고 자기다움을 유지합니다.

제자들과 깊은 신뢰관계를 형성하심

예수님은 제자들에게 마음을 열고 소통하며, 생명을 나누는 신뢰관계를 형성하셨습니다. 예수님은 제자들에게 "나는 너희에게 내 아버지께 들은 것을 모두 알려 주었으니 친구라고 부르는 것이다"라고 말씀하시며, 그들에게 권위적인 스승이 아닌 친밀한 친구가 되어 주셨습니다(요 15:15). 특히 예수님은 십자가를 앞두고 겟세마네 동산에서 기도하실 때에 베드로와 야고보에게 "내 마음이 너무 괴로워 죽을 지경이다. 너희는 여기 머물러 나와 함께 깨어 있도록 하라"고 하시며 인간적인 고뇌를 숨김없이 토로하셨습니다(마 26:38).

진성 리더는 그를 따르는 사람들 앞에서도 마음을 열어 놓고 솔직하게 대화하며, 자신의 취약함까지 드러냅니다. 그뿐만 아니라 따르는 사람들의 목소리를 경청하기에 그들과 친근감을 쌓을 수 있고 깊은 신뢰관계를 형성할 수 있습니다.

어떤 유혹에도 흔들리지 않는 자제력을 가지심

예수님의 자제력은 하나님의 뜻에 순종하는 데서 나타납니다. 예수님은 겟세마네에서 "내 뜻대로 하지 마시고 아버지의 뜻대로 하십시오"라고 기도하시고 하나님의 뜻에 복종하셨습니다. 광야에서 40일 동안 금식하신 후 사탄의 세 가지 시험을 받으셨을 때도 세상의 물질, 권력, 명예의 유혹을 말씀으로 단호히 물리치셨습니다. 자기 통제(금식기도)가 하나님 나라를 위한 자기 부인이었음을 보여 줍니다.

진성 리더는 궁극적 목적을 이루기 위해 어떤 유혹에도 흔들리지 않고 자기를 부인하며 자제력 있게 행동합니다. 그는 마치 장거리 주자들처럼 목표에 초점을 맞추고 도전적 상황에서도 자신을 채찍질하며 위기를 견뎌 냅니다. 진성 리더는 자제력을 가지고 일관성 있게 행동하기 때문에 사람들은 그의 행동을 예측할 수 있습니다.

죄인을 불쌍히 여기심

예수님은 오병이어의 기적을 베푸실 때, 군중을 보시고 불쌍히 여기사 그들의 영적, 육적 필요를 채워 주셨습니다(마 14:14). 또한, 사람들이 돌로 치려던 간음한 여인에게 "나도 너를 정죄하지 않을 테니 가서 다시는 죄를 범하지 말거라"라고 말씀하며 용서하셨습니다(요 8:11). 그분의 긍휼(compassion)은 궁극적

으로 십자가에서 자신의 생명을 내주는 희생적 사랑으로 이어
졌습니다.

진성 리더에게는 사람들을 향한 긍휼의 마음이 있습니다. 그
는 이웃의 고통에 공감하고 자기 지갑을 열어서 기꺼이 나누어
줍니다. 이런 측은지심은 다른 사람들의 이야기를 들어주고,
지역사회를 위해 봉사하고, 자연재해를 당하거나 열악한 환경
에 처한 지역을 방문하는 경험을 통해 개발될 수 있습니다.

진성 리더 예수님의
네 가지 행동 방식

예수님은 진성 리더십 이론의 모든 요소를 가장 완벽하고 초월적인 차원에서 보여 주는 살아 있는 원형입니다. 그분은 이론을 제시하신 것이 아니라, 말씀이 육신이 된 리더십을 몸소 보여 주셨습니다. 현대 리더십 이론가들은 진리이신 예수님에게서 진성 리더의 행동 방식을 찾아냈습니다.

아볼리오와 루탄스(Avolio Bruce J.&Fred Luthans)는 2006년, 그들의 저서에서 진성 리더십을 자기 인식, 내면화된 도덕적 관점, 균형 잡힌 정보 처리, 관계적 투명성이라는 네 가지 핵심 요소로 제시했습니다. 이 요소들은 진성 리더십의 실천 과정에서 나타난 예수님의 행동 방식이라고 볼 수 있습니다.

자기인식 : 메시아로서의 분명한 정체성을 가지심

자기 인식(Self-Awareness)은 진성 리더십의 가장 근본적인 토대입니다. 리더는 자신의 가치, 신념, 감정, 동기, 강점 및 약점을 깊이 이해하고 인식하는 능력을 갖추어야 합니다. 이는 단순히 자신에 대해 아는 것을 넘어, 내 행동이 타인에게 미치는 영향을 인지하고, 내 내면적 상태가 리더십 행위에 어떻게 반영되는지 성찰하는 것을 포함합니다.

진성 리더는 자신의 감정을 숨기거나 왜곡하지 않고, 있는 그대로 받아들이며, 이를 바탕으로 솔직하고 진정성 있는 의사 결정을 내립니다. 예를 들어, 자신의 강점인 문제 해결 능력을 인식하고 이를 활용하되, 약점인 인내심 부족을 인지하여 중요한 결정 시 충분한 시간을 가지고 숙고하는 모습을 보일 수 있습니다. 이러한 깊은 자기 이해는 리더가 외부의 압력이나 타인의 기대에 휘둘리지 않고, 자신의 '진정한 북극성'(True North, 삶의 방향을 잃지 않게 하는 내적 기준)에 따라 행동할 수 있는 기반을 마련해 줍니다.

예수님은 자신이 하나님의 아들이며 동시에 인간의 몸을 입은 자임을 인지하고 계셨습니다(막 1:11). 예수님은 자신이 누구인지(하나님의 아들, 메시아)와 이 땅에 오신 목적(세상의 죄를 대속하고 구원하기 위함)에 대해 분명한 자기 인식을 가지고 계셨습니다. "예수께서 이르시되 내가 곧 길이요 진리요 생명이니 나로 말미암지 않고는 아버지께로 올 자가 없느니라"(요 14:6)라는 말씀은 그분의 확고한 정체성을 보여 줍니다. 또한 "나는 이 일을 위해 보내심을 받았노라"(눅 4:43)라고 말씀하시며 자신의 사명에 대한 명확한 인식을 드러내셨습니다. 이와 같이 자신의 사명과 정체성에 대한 깊은 이해는 모든 행동과 가르침의 토대가 되었습니다.

내면화된 도덕적 관점 :

하나님의 뜻을 따르는 팔로워적 태도를 보이심

내면화된 도덕적 관점(Internalized Moral Perspective)은 리더가 외부의 압력이나 유혹에 흔들리지 않고, 내면의 확고한 가치관을 기준으로 옳고 그름을 판단하고 행동하는 원칙적 태도를 의미합니다. 진성 리더는 개인적인 이득이나 단기적인 성과보다는 윤리적 기준과 사회적 책임을 우선시합니다. 이들은 자신의 핵심 가치와 신념에 따라 일관되게 의사결정을 내리며, 어려운 상황에서도 도덕적 원칙을 고수합니다.

예를 들어, 기업의 이윤을 극대화할 수는 있지만 비윤리적인 방식을 사용해야 하는 상황에 있다고 가정해 봅시다. 그럴 때 진성 리더는 비윤리적 방식 대신, 장기적인 관점에서 지속 가능한 성장과 사회적 가치를 창출하는 방식을 선택합니다. 이러한 내면화된 도덕성은 리더의 행동에 정당성과 신뢰성을 부여하며, 구성원들에게 윤리적 행동의 모범을 제시합니다.

예수님은 오직 하나님의 뜻과 사랑이라는 내면화된 도덕적 기준에 따라 행동하셨습니다. 개인적인 이득이나 세상의 인기에 흔들리지 않으셨습니다(오병이어 기적 후 사람들이 왕으로 삼으려 했을 때 홀로 산으로 피하심). "내가… 나의 뜻대로 하려 하지 않고 나를 보내신 이의 뜻대로 하려 하므로"(요 5:30). 이 말씀은 예수님이 자신의 뜻이 아닌 하나님의 뜻을 따르는 가장 완벽한 팔로워(follower)였음을 보여 주는 대목입니다. 이는 진정한 리더가 되기 위해 먼저 하나님 앞에서 온전한 팔로워십(followership)을 갖추어야 함을 의미합니다.

균형 잡힌 정보처리 : 비판적 피드백도 경청하심

균형 잡힌 정보처리(Balanced Processing)는 리더가 자신과 관련된 긍정적/부정적 정보를 객관적으로 평가하고, 다양한 관점과 피드백을 수용하여 편향되지 않고 균형 잡힌 의사결정을 내리는 능력입니다. 진성 리더는 자신의 의견에 반대되는 정보나 비판적인 피드백도 열린 마음으로 경청하며, 이를 통해 상황을 보다 정확하게 파악하고 합리적인 판단을 내립니다. 이들은 긍정적인 정보에만 집중하거나 부정적인 정보를 회피하지 않고, 모든 정보를 종합적으로 고려하여 현실을 있는 그대로 직시합니다. 예를 들어, 프로젝트의 성공 가능성에 대한 긍정적인 보고서와 함께 잠재적 위험 요소를 지적하는 부정적인 보고서도 면밀히 검토하여, 성공 전략과 위험 관리 계획을 동시에 수립하는 것이 여기에 해당합니다. 이러한 능력은 리더가 복잡한 문제에 직면했을 때 보다 현명하고 효과적인 해결책을 찾도록 합니다.

예수님은 사람들의 마음과 생각, 그리고 사회적 상황을 깊이 이해하고 통찰력 있게 판단하셨습니다. 겉으로 드러나는 것뿐만 아니라 사람들의 내면을 꿰뚫어 보시고 그들의 진정한 필요를 채워 주셨습니다. "예수께서 그 생각을 아시고 이르시되 너희가 어찌하여 마음에 악한 생각을 하느냐"(마 9:4)라는 말씀은 그분의 통찰력을 잘 보여 줍니다. 또한 제자들의 연약함(베드로가 자신을 부인할 것을 아심)을 정확히 파악하시면서도 그들의 잠재력을 보고 교회의 반석으로 세우셨던 것(마 16:18-19, 26:34)은 균형 잡힌 정보 처리 능력을 보여 주는 예입니다.

관계적 투명성 : 인간적 감정을 가감 없이 드러내심

관계적 투명성(Relational Transparency)은 리더가 자신의 진정한 생각과 감정을 솔직하고 개방적으로 표현하며, 숨김없이 진정성 있는 관계를 구축하는 능력입니다. 이는 신뢰를 형성하는 핵심 요소로, 리더가 자신의 취약점이나 실수도 인정하고 공유함으로써 구성원들과 인간적인 유대감을 강화합니다. 진성 리더는 가면을 쓰거나 꾸며진 모습을 보이지 않고, 진심으로 소통하며, 구성원들이 자신에게 솔직하게 다가올 수 있는 안전한 환경을 조성합니다. 예를 들어, 어려운 결정을 내릴 때 자신의 고민과 불확실성을 솔직하게 공유하고, 구성원들의 의견을 구하는 모습은 관계적 투명성을 보여 주는 좋은 예입니다. 이러한 투명한 소통은 오해를 줄이고, 상호 존중과 신뢰를 바탕으로 한 건강한 조직 문화를 조성하는 데 기여합니다.

예수님은 자신의 가르침과 심지어 고난까지도 제자들에게 숨김없이 드러내셨습니다. "내가 너희에게 행한 것 같이 너희도 행하게 하려 하여 본을 보였노라"(요 13:15)고 말씀하시며 제자의 발을 씻겨 주시는 참 스승의 모습을 보여 주셨습니다. 특히 겟세마네 동산에서 "내 마음이 매우 고민하여 죽게 되었으니"(마 26:38)라고 고뇌를 토로하신 것은 자신의 인간적인 감정을 가감 없이 드러내신 것입니다. 이러한 투명함은 제자들과 깊은 신뢰 관계를 구축하는 데 결정적인 역할을 했습니다.

예수님의 진성 리더십은 확고한 자기 인식, 내면화된 도덕적 관점, 균형 잡힌 정보 처리 능력, 그리고 신뢰할 수 있는 관계적 투명성을 통해 나타났습니다. 그분은 자신이 누구이며 무엇을 위해 이 땅에 왔는지 명확히 알고 계셨습니다. 또한 세상의 유혹에 흔들리지 않고 오직 하나님의 뜻과 사랑이라는 내면의 도덕적 나침반에 따라 행동하셨습니다. 사람들의 마음을 꿰뚫어 보시며 진정한 필요를 채워 주셨고, 자신의 생각과 감정, 심지어 고난까지도 숨김없이 드러내시며 제자들과 깊은 신뢰 관계를 구축하셨습니다. 예수님의 리더십은 말과 행동이 완벽하게 일치하는 진정성의 본보기였으며, 이는 수많은 사람에게 영감을 주고 변화를 이끌어 내는 강력한 힘이 되었습니

다. 그분의 삶 자체가 진성 리더십의 살아 있는 교과서라고 할
수 있습니다.

4장

삶 전체를 메시지로
삼았던 진성 리더들

우리는 진성 리더십의 핵심 요소들—자기 인식, 내면화된 도덕적 관점, 균형 잡힌 정보 처리, 관계적 투명성—이 현실에서 어떻게 발현되었는지, 네 명의 상징적인 리더를 통해 살펴보고자 합니다. 정치, 기업, 사회운동, 종교라는 각기 다른 영역에서, 이들은 자신의 삶 전체를 메시지로 삼아 시대를 변화시켰습니다.

마하트마 간디 "단 한 번도 굽히지 않았던 비폭력 원칙"

마하트마 간디(Mahatma Gandhi)는 정치 지도지를 넘어, 삶 자체로 진성 리더십을 보여 준 인물입니다. 그는 자신의 말과 행동을 완벽하게 일치시켰고, 이 힘으로 인도를 영국의 식민 통치로부터 해방시키는 데 결정적인 역할을 했습니다. 그의 영향력은 어떤 역경에도 흔들리지 않는 내면의 진실성과 도덕적 청렴함에서 나왔습니다.

간디는 국민들에게 소박한 삶을 촉구했을 뿐만 아니라, 자신 역시 평생 부와 명예를 멀리하고 간소한 수제 옷인 카디를 입었습니다. 그의 모든 결정은 외부 압력이나 정치적 이득이 아니라, 진리(사티아)와 비폭력(아힘사)이라는 확고하고 내면화된 도덕적 관점에 기반했습니다.

1930년 '소금 행진'은 그의 이러한 원칙이 행동으로 나타난 가장 강력한 사례였습니다. 당시 인도를 식민지배하던 영국은 인도인이 소금을 채취하거나 생산하는 것을 금지했습니다. 그러나 이를 부당하게 여긴 간디는 이와 같은 법에 항의하기 위해 수천 명의 인도인과 함께 388킬로미터를 걸어 바닷가로 향했습니다. 그뿐만 아니라 그는 많은 사람이 보는 가운데 바다에서 소금을 건짐으로써 스스로 소금법을 어기는 모습을 보였습니다. 이 상징적인 행동을 통해 그는 영국 통치의 부당함을 온몸으로 드러냈고, 그의 메시지에 거대한 도덕적 권위를 부여했습니다.

영국 식민 정부의 탄압과 회유 속에서도 간디는 비폭력 원칙을 단 한 번도 굽히지 않고 일관성을 유지했습니다. 더불어, 그는 자신의 강점은 물론 약점과 실수까지도 투명하게 드러내는 관계적 투명성을 보여 주었습니다. 끊임없이 배우고 성장하는 인간적인 면모는 대중과의 깊은 유대감을 형성했으며, 그의 진실된 삶의 방식은 결국 시대를 변혁하는 거대한 힘이 되었습니다.

이본 쉬나드 "이윤 추구보다 환경 보호라는 목적 지향"

아웃도어 브랜드 파타고니아의 설립자 이본 쉬나드(Yvon Chouinard)는 자신을 '하기 싫은 사업가'라고 불렀습니다. 왜냐하면 그는 사업가가 되고 싶지 않았고, 더욱이 전통적 기업들의 목표인 이윤 극대화를 위해서는 일하고 싶어 하지 않았기 때문입니다. 그의 브랜드 파타고니아의 모토는 '최고의 제품을 만들되 자연환경에 불필요한 해를 끼치지 않으며, 사업을 통해 환경 위기에 대한 해결책을 마련하는 것'인데, 이는 쉬나드 개인의 가치관과 완벽하게 일치합니다. 이러한 그의 리더십은 목적 지향적인 진성 리더십의 새로운 기준을 제시합니다.

쉬나드 리더십의 핵심은 환경 윤리를 경영의 최우선 순위에 둔 내면화된 도덕적 관점입니다. 그는 비용 증가를 감수하면서도 유기농 면을 고집하는 등 환경 보호에 확고한 의지를 보여 주었습니다. 이 의지의 정점은 2022년에 드러났습니다. 쉬나드는 파타고니아의 소유권을 개인의 부 축적이 아닌 환경 보호를 위한 비영리 단체에 넘기는 파격적인 결정을 내렸습니다. 이는 그가 평생을 자연환경이라는 더 큰 목적을 위해 헌신해 왔음을 증명하는 진정한 헌신이었습니다.

그는 수십 년간 환경 보호를 기업 철학의 핵심으로 일관되게 유지해 왔습니다. 또한, 파타고니아는 제품 생산 과정에서 자연환경에 미치는 영향에 대해 고객과 직원들에게 매우 솔직하게 소통하며 관계적 투명성을 실천했습니다. 쉬나드는 타협 없는 진정성과 윤리적 비즈니스의 가능성을 열어 주었습니다.

○ 회사를 기부하던 당시 기사 발췌

"이본 쉬나드는 자신이 설립한 회사를 환경 보호를 위한 비영리 단체에 기부하는 파격적인 결정을 내렸다. 그는 '우리가 하는 모든 사업은 지구에 해를 끼친다. 우리는 그것을 멈춰야 한다'고 말하며, 환경을 위한 진정한 헌신을 보여 주었다. 이는 그의 평생에 걸친 가치관의 정점이다."

(The New York Times, 2022. 9. 14.)

그레타 툰베리 "진실함으로 만든 유대감"

스웨덴 청소년 환경운동가 그레타 툰베리(Greta Thunberg)의 리더십은 어떤 권위나 지위에서 나온 것이 아닙니다. 그것은 오직 '행동하는 양심'과 '거침없는 진실함'에서 나오는 순수한 힘이었습니다. 2018년 그녀의 '기후를 위한 등교 거부' 시위는 전 세계적인 청소년 기후 운동을 촉발시켰습니다. 그녀의 메시지에는 계산된 전략이 아닌, 기후에 대한 깊은 위기 인식에서 오는 순수한 진정성이 담겨 있습니다.

툰베리 리더십의 강력함은 꾸밈없는 진심에 기반한 관계적 투명성에서 나옵니다. 그녀는 기후 위기에 대한 자신의 분노와 절망감을 대중 앞에서 솔직하게 표현했습니다. 또한 그녀는 아스퍼거 증후군을 앓고 있었는데, 이 사실을 숨기지 않았습니다. 오히려 자기가 초능력을 가졌다고 표현하며 약점을 강점으로 승화시킨 자기 인식을 보여 주었습니다. 이러한 솔직함은 그녀의 메시지에 흔들림 없는 신뢰성을 부여했고, 청소년들과의 강력한 감정적 유대감을 형성하는 데 기여했습니다.

나아가, 툰베리의 모든 행동은 과학적 사실에 기반한 내면화된 도덕적 관점과 일관성에 근거합니다. 그녀는 정치적 압력이나 비난에도 불구하고, '기후 변화의 시급성'이라는 자신의 원칙을 단 한 번도 굽히지 않고 일관성을 유지했습니다. 비행기 대신 배나 기차를 이용하는 등 자신이 주장하는 바를 삶으로 실천하는 진정성은 진실함이 만드는 변혁을 보여 주었습니다.

○ 타임지 올해의 인물 선정 당시 기사 발췌

"툰베리는 자신의 아스퍼거 증후군을 '초능력'이라고 말하며, 남들과 다름을 약점이 아닌 강점으로 받아들였다. 이러한 자기 인식과 투명함은 그녀의 메시지에 더욱 큰 신뢰성을 부여했다."

(Time Magazine, 2019.)

빌리 그레이엄 "청렴함으로 세상을 섬긴 영적 멘토"

빌리 그레이엄(Billy Graham)은 20세기 가장 영향력 있는 복음주의 설교자 중 한 명입니다. 그의 영향력은 화려한 카리스마가 아닌 흔들림 없는 진정성과 철저한 윤리적 청렴함에 깊이 뿌리를 두고 있습니다. 대중적 명성에도 불구하고, 그는 사적인 삶과 공적인 사역에서 한결같은 모습을 보여 주었습니다.

그레이엄 리더십의 핵심은 내면화된 도덕적 관점을 행동으로 실천한 데 있습니다. 그는 종교 지도자들에게 흔히 문제가 되는 재정적 유혹, 성적 유혹, 명예와 권력의 유혹으로부터 자신을 보호하기 위해 1948년 모데스토 선언(Modesto Manifesto)이라는 구체적인 행동 규범을 채택했습니다. 이 선언은 그가 개인적인 도덕성과 공적인 진정성을 얼마나 중요하게 여겼는지를 보여 주는 증거입니다. 또한 그는 당시 미국 사회의 인종차별에 반대하며, 자신의 대규모 집회에서 백인과 흑인을 분리하는 관행을 철폐하는 등 신념을 행동으로 옮겼습니다.

그는 수십 년 동안 복음의 메시지를 일관되게 전파했으며, 공적 사역과 사적 삶에서 한결같은 진실성을 보여 주었습니다. 나아가, 자신의 연약함과 한계를 솔직하게 인정하는 자기 인식과 겸손한 태도는 그를 더욱 신뢰할 수 있는 리더로 만들었습니다.

○ 빌리 그레이엄 추모 기사 발췌

"빌리 그레이엄은 재정적인 투명성을 철저히 지켰고, 성 스캔들로부터 자신을 보호하기 위해 '모데스토 선언'을 채택했다. 이는 그가 개인적인 도덕성과 공적인 진정성을 얼마나 중요하게 여겼는지를 보여 주는 증거이다."

(The Washington Post, 2018. 2. 21.)

진성 리더십 자기평가
Self-Check List

다음 체크리스트는 자신을 비난하거나 심판하기 위한 도구가 아닙니다. 나의 현재 강점과 개선이 필요한 영역을 객관적으로 확인하여 훈련의 방향을 설정하기 위한 소중한 나침반입니다. 가장 솔직하게 응답해 주십시오.

다음 문항에 대해 5점 척도로 응답하십시오. (1점: 전혀 그렇지 않다, 2점: 거의 그렇지 않다, 3점: 보통이다, 4점: 대체로 그렇다, 5점: 매우 그렇다)

문항	1점	2점	3점	4점	5점
1. 나는 내 강점과 약점을 잘 알고 있다.					
2. 나는 내가 믿는 가치와 원칙에 따라 행동하려고 노력한다.					
3. 나는 어려운 상황에서도 내 신념을 굽히지 않는다.					
4. 나는 다른 사람들에게 솔직하고 개방적으로 대한다.					
5. 나는 내 감정을 솔직하게 표현하는 편이다.					
6. 나는 다른 사람들의 의견을 경청하고 존중한다.					
7. 나는 내 결정이 다른 사람들에게 미칠 영향을 고려한다.					
8. 나는 실수를 인정하고 그것으로부터 배우려고 노력한다.					
9. 나는 타인의 비판을 건설적으로 수용한다.					
10. 나는 어려운 결정을 내릴 때 내 양심에 따른다.					
11. 나는 다른 사람들에게 영감을 주고 긍정적인 영향을 미치려고 한다.					
12. 나는 내 행동에 일관성이 있다고 생각한다.					
13. 나는 스트레스 상황에서도 평정심을 유지하려고 노력한다.					
14. 나는 내 행동에 대해 책임감을 느낀다.					
15. 나는 다른 사람들과 깊은 관계를 맺으려고 노력한다.					
16. 나는 내 약점을 보완하기 위해 노력한다.					
17. 나는 내 가치를 다른 사람들에게 명확히 전달한다.					
18. 나는 다른 사람들의 성공을 진심으로 기뻐한다.					
19. 나는 리더로서 내 역할에 대해 진지하게 고민한다.					
20. 나는 진정한 나 자신을 보여 주기 위해 노력한다.					
총점					

평가 방법 및 성장을 위한 조언

모든 문항의 점수를 합산하여 총점을 계산합니다.

총점	평가	실천 가이드
80점 이상	진성 리더십 역량이 매우 높음	자신을 잘 이해하고, 신념에 따라 행동하며, 투명하고 균형 잡힌 시각을 갖고 있습니다. 강점 유지 및 심화에 집중하십시오.
60–79점	진성 리더십 역량이 비교적 양호함	강점을 더욱 강화하십시오. 낮은 점수를 받은 문항을 중심으로 부족한 부분은 개선하기 위해 노력해야 합니다.
40–59점	진성 리더십 역량이 보통 수준	자기 인식, 내면화된 도덕적 관점, 균형 잡힌 정보 처리, 관계적 투명성을 높이기 위한 적극적인 노력과 훈련이 시급합니다.
39점 이하	진성 리더십 역량 개선이 시급함	자기 성찰과 개발에 많은 시간과 노력을 투자하여 훈련 프로그램에 적극 참여해야 합니다.

6장

진성 리더십 훈련 로드맵:
행동 지침 강화 4주 프로그램

진성 리더십은 의도적이고 지속적인 훈련을 통해 개발되는 역량입니다. 다음 네 가지 훈련 영역은 리더가 자신의 진정성을 발견하고 리더십 역량을 강화하는 구체적인 실천 로드맵을 제시합니다. 최소 4주간 진성 리더십의 내용을 되새기며 훈련하고, 이 책의 다른 리더십에 도전하기 바랍니다.

훈련 영역 (핵심 목적)	주요 실천 지침	진성 리더십 요소 강화
1. 성찰적 실천 (내면을 깊이 들여 다보는 시간)	**진성 리더십 일기 쓰기** 리더십 활동, 의사결정, 감정을 기록하며 핵심 가치와의 일치 여부를 평가합니다. "나는 지금 내 핵심 가치에 부합하게 행동하고 있는가?"와 같은 자기 성찰 질문을 활용합니다.	자기 인식, 내면화된 도덕적 관점
2. 피드백의 적극적 활용 (타인의 시선으로 자신을 객관화)	**360도 피드백 수용** 상사, 동료, 부하직원 등 다양한 이해관계자로부터 리더십 행동(예: 관계적 투명성, 일관성)에 대한 익명 피드백을 정기적으로 받고 겸허히 수용합니다.	자기 인식, 관계적 투명성
3. 실천적 학습 및 도전 (도전을 통해 진정 성을 시험)	**도전적인 과제 수행** 현재 자신의 역량을 넘어서는 프로젝트나 리더십 역할을 자원하여 수행하며, 새로운 상황에서 진정성을 시험하고 강화합니다. 실패를 성장의 기회로 삼아 원인을 진성 리더십 관점에서 분석합니다.	균형 잡힌 정보 처리, 회복탄력성
4. 학습 공동체 형성 및 참여 (함께 배우고 성장 하는 환경)	**코칭/멘토링 및 스터디 그룹** 경험이 풍부한 멘토와 교류하며 '진정한 북극성'을 찾는 구체적인 지도를 받고, 동료들과 리더십 경험을 공유하며 상호 학습합니다.	관계적 투명성, 내면화된 도덕적 관점

2부

삶을 던지는
서번트 리더십

언제까지 대접받겠는가!
진짜 리더는 낮고 천한 자리에서 나섰다

2

"열심히 하는데
왜 점점 소모되는 걸까?"

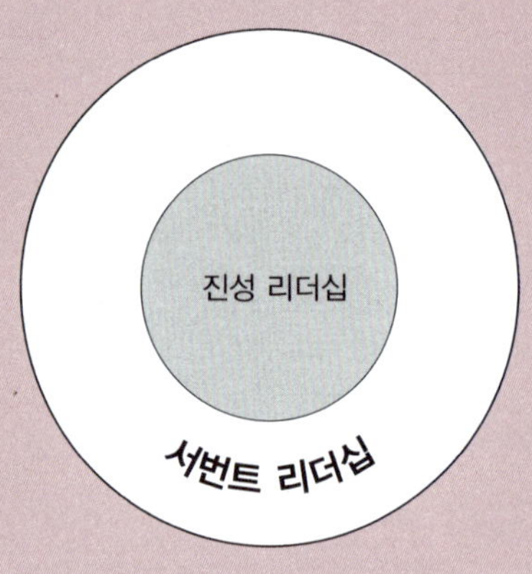

"열심히 하는데
왜 점점 소모되는 걸까?"

1장

성경을 통해 본
예수님의 서번트 리더십

1970년대, 미국의 기업인이자 사상가인 로버트 K. 그린리프 (Robert K. Greenleaf)는 세상을 뒤집을 만한 새로운 리더십 철학을 제시했습니다. 바로 서번트 리더십입니다. 이 리더십의 핵심은 간단하면서도 역설적입니다. 리더의 자리, 권력의 꼭대기에서 군림하는 것이 아니라, 스스로를 종(servant)이라고 생각하며 사람들을 이끈다는 것입니다. 이 리더십의 궁극적인 목표는 단지 업무 성과를 높이는 것을 넘어, 사람들이 물리적으로나 정신적으로 더 건강하고, 더 지혜로우며, 더 자유롭고, 온전한 존재가 되도록 돕는 것입니다.

> "여러분 안에 이 마음을 품으십시오. 이것은 그리스도 예수 안에 있던 마음이기도 합니다. 그분은 본래 하나님의 본체셨으나 하나님과 동등 됨을 기득권으로 여기지 않

으시고 오히려 자신을 비워 종의 형체를 가져 사람의 모양이 되셨습니다. 그리고 그분은 자신을 낮춰 죽기까지 순종하셨으니, 곧 십자가에 달려 죽으신 것입니다."

(빌 2:5-8, 우리말성경)

예수님의 리더십은 서번트 리더십의 가장 완벽하고 본질적인 형태를 보여 줍니다. 그분은 스스로를 '섬기는 자'로 칭하시며, 자신의 삶을 통해 섬김의 리더십이 무엇인지 몸소 보여 주셨습니다. 이제 그린리프가 제시하고 래리 스피어스(Larry C. Spears)가 체계화한 서번트 리더십의 열 가지 핵심 요소를 예수님의 삶이라는 거울에 비춰 봅시다. 그분의 발자취를 따라가다 보면, 이론으로만 알던 섬김이 어떻게 위대한 능력으로 발현되었는지 깨닫게 될 것입니다.

경청 | Listening

예수님의 경청은 차원이 달랐습니다. 그분은 병든 자의 울부짖음, 소외된 이의 탄식을 단순히 듣는 데 그치지 않으시고 그들의 마음속 생각과 숨겨진 고통까지 꿰뚫어 보셨습니다. 그분의 경청은 늘 치유의 시작이었습니다. 예수님은 삭개오를 비롯한 죄인들의 속마음을 아시고 그들을 외면하지 않으셨으며,

"오늘 구원이 이 집에 이르렀다"라고 선포하시며(눅 19:9) 그들의 간절한 내면의 소리에 응답하셨습니다.

공감 | Empathy

예수님의 공감은 마치 상대방의 신발을 신고 걷는 것과 같았습니다. 나사로의 죽음 앞에서 흘리신 눈물(요 11:35)은, 고통받는 이와 자신을 동일시하는 최고의 공감이었습니다. 이처럼 슬픔의 자리에 함께 앉아 타인의 고통을 자신의 것으로 여기는 마음이 곧 섬김을 향한 동기가 되어 줍니다.

치유 | Healing

예수님의 치유는 전인적이었습니다. 육체의 병뿐만 아니라, 죄책감으로 상처 입은 정신과 영혼까지 회복시키셨습니다. 그분의 치유는 단순히 증상을 없애는 것이 아니라, 사람의 존재 자체를 온전하게 회복시켜 다시 존엄한 삶을 살 수 있도록 돕는 근본적인 회복 사역이었습니다.

"예수께서 온 갈릴리에 두루 다니사 그들의 회당에서 가르치시며 천국 복음을 전파하시며 백성 중의 모든 병과 모든 약한 것을 고치시니"(마 4:23).

인식 | Awareness

예수님은 겉으로 드러난 현상을 넘어, 모든 상황의 윤리적 본질을 꿰뚫어 보는 통찰력이 있으셨습니다. 당시 종교 지도자들의 위선과 불의, 인간의 죄의 심각성도 정확히 파악하셨습니다. 안식일 논쟁에서 보듯이, 예수님의 인식은 율법이라는 틀에 갇히지 않고 생명이라는 궁극적인 가치를 향했습니다.

"예수께서 그들의 생각을 아시고 손 마른 사람에게 이르시되 일어나 한가운데 서라 하시니 그가 일어나 서거늘 예수께서 그들에게 이르시되 내가 너희에게 묻노니 안식일에 선을 행하는 것과 악을 행하는 것, 생명을 구하는 것과 죽이는 것, 어느 것이 옳으냐 하시며"(눅 6:8-9).

설득 | Persuasion

예수님은 군림하지 않으셨습니다. 강압적인 명령 대신, 비유와 진리 그 자체를 통해 사람들의 자발적인 동의와 변화를 이끌어 내셨습니다. 사람들의 마음에 스스로 따르고 싶게 만드는 권위 있는 가르침이 곧 그분의 가장 강력한 설득 무기였습니다.

"… 무리들이 그의 가르치심에 놀라니 이는 그 가르치시는 것이 권위 있는 자와 같고 그들의 서기관들과 같지 아니함일러라"(마 7:28-29).

예수님은 개념화의 대가셨습니다. 당대 사람들이 상상하지 못했던 '하나님 나라'라는 거대한 비전을, 겨자씨, 누룩, 밭에 숨겨진 보화 같은 친숙한 비유로 구체화하셨습니다. 이는 추상적인 목표를 명확한 그림으로 만들어 제자들이 헌신할 수 있는 장기적인 방향을 제시해 주신 것입니다.

"또 비유를 들어 이르시되 천국은 마치 사람이 자기 밭에 갖다 심은 겨자씨 한 알 같으니 이는 모든 씨보다 작은 것이로되 자란 후에는 풀보다 커서 나무가 되매 공중의 새들이 와서 그 가지에 깃들이느니라"(마 13:31-32).

예지력 | Foresight

예지력 없이는 진정한 리더십을 말할 수 없습니다. 예수님은 단순한 예언가가 아니었습니다. 자신에게 닥칠 고난과 죽음, 그리고 그 이후의 영광스러운 부활까지 미리 내다보시고 제자들을 준비시키셨습니다. 이 예지력 덕분에 제자들은 잠시 혼란스러웠지만, 결국 예수님의 비전이 실현되었음을 확신하며 나아갈 수 있었습니다.

"보라 우리가 예루살렘에 올라가노니 인자가 대제사장들과 서기관들에게 넘겨지매 그들이 죽이기로 결의하고 이방인들에게 넘겨 주겠고 그들은 능욕하며 침 뱉으며 채찍질하고 죽일 것이나 그는 삼 일 만에 살아나리라 하시니라"(막 10:33-34).

청지기 정신 | Stewardship

예수님은 자신의 모든 것, 심지어 생명까지도 인류 구원이라는 더 큰 목적을 위해 맡겨진 '자원'으로 여기셨습니다. '선한 목자'로서 자신의 목숨을 양들을 위해 버리신다는 선언은, 자신이 가진 최고의 것을 공동체의 선을 위해 내어준 궁극적인 청지기 정신의 선언이었습니다.

"나는 선한 목자라 선한 목자는 양들을 위하여 목숨을 버리거니와"(요 10:11).

사람들의 성장에 헌신 | Commitment to the Growth of People

사람들의 성장에 헌신하는 것이 서번트 리더의 본질입니다. 예수님은 제자들에게 귀신을 쫓아내고 병을 고치는 권능을 위임하셨습니다. 제자가 실수하거나 도망쳤을 때도 포기하지 않고, 꾸준한 훈련과 격려로 그들을 인류 역사를 바꿀 사도로 키워 내셨습니다. 그분의 투자는 오직 사람의 잠재력에 대한 믿음이었습니다.

"예수께서 그의 열두 제자를 부르사 더러운 귀신을 쫓아내며 모든 병과 모든 약한 것을 고치는 권능을 주시니라"(마 10:1).

예수님은 열두 제자를 중심으로 함께 먹고, 자고, 교제하는 삶 자체를 통해 "서로 사랑하라"는 새 계명이 살아 숨 쉬는 공동체를 만드셨습니다. 이 공동체는 훗날 초대교회의 기반이 되어 세상에 사랑과 섬김의 문화를 확산하는 모델이 되었습니다.

"새 계명을 너희에게 주노니 서로 사랑하라 내가 너희를 사랑한 것같이 너희도 서로 사랑하라"(요 13:34).

2장

서번트 리더십의 완벽한 모델, 예수 그리스도

예수님의 서번트 리더십은 머리로만 아는 이론이 아니었습니다. 그분은 지상에서의 삶 전체를 통해 섬김의 리더십이 무엇인지 구체적인 행동과 드라마로 보여 주셨습니다.

사회적 약자와 동행하심

예수님은 당시 사회에서 소외받던 세리, 죄인, 창녀들과 함께 식사하며 그들을 차별 없이 대하셨습니다. 이는 공감과 치유의 리더십을 보여 주는 대표적인 행적입니다. 그분은 이들의 사회적, 영적 상처를 이해하고 그들의 존엄성을 회복시켜 주셨습니다. 예수님은 약자들을 목적을 위한 수단으로 보지 않고 성장해야 할 존재로 보셨습니다.

가장 낮고 천한 자리로 내려가심

섬김의 절정은 세족식이었습니다. 당시 식사 자리에서 주인의 발을 씻어 주는 세족은 가장 천한 종들이 하던 일이었습니다. 그런데 많은 사람이 믿고 따르는 스승이 제자들의 발을 직접 씻기신 것입니다. 베드로는 너무나 당황해서 예수님을 말렸지만 예수님은 오히려 "내가 본을 보였으니 너희도 서로 발을 씻겨 주거라"라고 말씀하셨습니다(요 13:1-17). 이는 권력을 가진 자가 기꺼이 가장 낮은 자리로 내려가 솔선수범해야 함을 보여 준 혁명적인 행위였습니다. 이 모습을 통해 제자들은 섬기는 리더로 성장할 사명을 부여받았으며, 이 행동은 청지기 정신과 공동체 형성의 가장 강력한 본보기를 제공했습니다.

십자가에 죽으심과 부활하심

예수님의 삶은 십자가 죽음과 부활로 완성됩니다. "인자가 온 것은 섬김을 받으려 함이 아니라 도리어 섬기려 하고 자기 목숨을 많은 사람의 대속물로 주려 함이니라"(막 10:45)는 선언처럼, 십자가는 궁극적인 자기희생적 사랑을 통한 섬김의 정점이었습니다. 이는 예수님의 메시아로서의 궁극적 목적을 향한 청지기 정신의 완결입니다. 죽음을 이기고 약속대로 부활하신 예수님(요 20:27)은 그분의 예지력과 능력, 그리고 선포하신 하나님 나라의 비전이 진리였음을 확증하는 강력한 리더십의 증명이었습니다.

　지금까지 알아본 것과 같이, 예수님은 서번트 리더십의 완벽한 모델입니다. 예수님은 자신이 하나님과 동등함에도 불구하고 기득권을 내려놓고 사람들과 같이 되셨고 거기서 더욱 자신을 낮추어 제자들의 종이 되셨으며 십자가에서 대속제물이 되기까지 순종하셨습니다(빌 2:5-8). 예수 그리스도는 모든 것을 내주어 타인을 살리고 성장시키는 자기희생적 사랑의 리더십입니다. 이는 세상이 추구하는 권력과 지배를 완전히 뒤엎는 역설적인 모델로서, 오늘날 우리에게 진정한 리더십의 방향을 제시하는 영원한 모범입니다.

겸손한 섬김으로
기적을 이끈 서번트 리더들

서번트 리더십은 역사 속 다양한 분야에서 세상을 변화시킨 위대한 인물들을 통해 그 실제적인 힘을 보여 주었습니다.

아브라함 링컨 "약한 자들의 신음에 공감한 겸손한 지도자"

미국의 16대 대통령 아브라함 링컨(Abraham Lincoln)의 이름 앞에는 늘 '남북전쟁'과 '노예 해방'이라는 단어가 따라붙습니다. 링컨은 최악의 국가 위기 속에서 왕처럼 군림하는 대신, 고통받는 국민을 섬기고 치유하는 서번트 리더십의 전형을 보여 주었습니다.

남북전쟁이 끝난 후, 링컨은 승리자로서의 오만을 버리고 화합을 호소했습니다. 그의 두 번째 취임 연설은 마치 치유자의 선언문과 같았습니다. "악의 없이 모두에게 자비를 베풀며…

우리가 시작한 일을 끝내고, 국가의 상처를 묶고 치료하자!" 그는 보복이나 처벌 대신 국가 전체의 상처를 치유하는 데 집중했습니다.

또한 그의 리더십 밑바탕에는 놀라운 경청과 공감 능력이 있었습니다. 자신과 경쟁했던 인물들을 내각에 포함시키고 그들의 의견에 깊이 귀 기울였으며, 전선에 나가 병사들의 고통을 직접 듣고 격려했습니다. 특히, 노예들의 억압받는 삶에 깊이 공감하여 노예 해방 선언을 단행했습니다. 이러한 그의 행보는 서번트 리더로서 약자의 목소리를 듣고 그들의 필요를 충족시키려는 의지를 가장 강력하게 보여 줍니다.

링컨은 대통령이라는 자리를 개인의 권력 수단으로 보지 않고, 미국이라는 연방과 모든 국민을 돌보는 청지기(stewardship)로서의 소명 의식을 가졌습니다. 노예제 폐지를 통해 수백만 명에게 자유와 존엄성을 되찾아 줌으로써, 그들이 온전한 인간으로서 성장할 수 있는 기회를 제공했습니다. 링컨의 겸손하고 봉사적인 리더십은 역사상 가장 어두웠던 시기를 극복하게 만든 진성 리더십의 표본입니다.

밥 아이거 "신입사원의 아이디어에 경청한 탁월한 CEO"

'만화 왕국'으로 불리는 월트 디즈니 컴퍼니가 픽사 애니메이션 스튜디오, 마블 스튜디오, 루카스필름 등 세계적인 IP를 품고 스트리밍 시대의 거인으로 우뚝 설 수 있었던 배경에는 전 CEO인 밥 아이거(Bob Iger)의 독특한 리더십이 있습니다. 그는 단순히 조직의 우두머리가 아니라, 월트 디즈니 컴퍼니의 찬란한 문화유산을 지키고, 직원들의 창의력을 섬기는 청지기였습니다.

아이거는 전통적인 카리스마 리더십과는 거리가 멀었습니다. 그는 '귀 기울여 듣기'를 자신의 가장 강력한 무기로 삼았습니다. 그는 신입사원의 작은 아이디어라도 무시하지 않고 깊이 경청하는 것으로 유명했으며, 그들의 혁신적인 제안을 환영했습니다. 픽사 애니메이션 스튜디오나 마블 스튜디오를 인수할 때도 신입사원들의 고유한 문화와 창의적 인재를 그대로 존중하고 통합하려 노력했습니다. 이는 피인수 기업 인재들이 월트 디즈니 컴퍼니라는 거대한 우산 아래서도 잠재력을 꽃피울 수 있도록 전폭적인 신뢰와 지원을 아끼지 않은, 성장에 헌신하는 서번트 리더의 모습이었습니다.

또한, 아이거는 시장의 변화를 꿰뚫어 보는 탁월한 예지력이 있었습니다. 그는 전통적인 미디어 환경이 급변할 것을 예측했고, 모두가 반대할 때도 과감하게 '디즈니플러스'로의 전환을 선제적으로 밀어붙였습니다. 이러한 결정은 기업의 미래를 위한 장기적인 개념화와 청지기적 책임감의 결과였습니다. 리더가 명확한 방향을 제시하자, 직원들은 불확실성 속에서도 리더를 신뢰하고 주인의식을 가지고 마음껏 역량을 펼칠 수 있었습니다.

아이거는 직원들을 섬기고, 월트 디즈니 컴퍼니의 미래를 책

임지는 청지기 정신으로 기업 혁신을 성공적으로 이끌어 낸,
서번트 리더십의 살아 있는 증거입니다.

카일라시 사티아르티 "아동 권리를 위해 앞장선 운동가"

인도 출신의 아동 인권 운동가, 카일라시 사티아르티(Kailash Satyarthi)는 1980년부터 '바흐판 바차오 안돌란'(아동 구제 운동)을 설립하여 아동 노동과 노예 문제에 맞서 싸워 왔습니다. 그의 삶은 가장 취약한 아이들의 자유와 성장을 위해 모든 것을 바친 용감한 서번트 리더의 표본입니다.

사티아르티는 자신을 '아이들의 목소리'라고 생각했습니다. 그는 위험을 무릅쓰고 아동 노동 현장 깊숙이 뛰어들어 아이들의 참혹한 현실을 직접 목격했습니다. 그의 행동은 아이들의 침묵과 고통에 깊이 공감하고 경청했기에 가능했습니다. 노벨 재단이 밝혔듯이, 그는 단순히 아이들을 구출하는 것에 그치지 않고, 비폭력적인 방법을 통해 구출된 아이들의 삶을 치유하고 성장시키는 데 집중했습니다. 학교와 재활 센터를 설립하여 아이들에게 교육을 제공하고, 그들이 존엄성을 회복하며 건강한 사회 구성원으로 자랄 수 있도록 헌신했습니다.

그는 아동 노동이라는 거대한 사회 문제를 단순한 개별 구호 차원을 넘어, 교육, 법률 제정, 국제 협력 등 다양한 차원에서 접근하는 장기적인 비전을 제시했습니다. 이는 문제를 근본적으로 해결하기 위한 개념화이자, 아동의 권리를 인류의 보편적

의무로 보고 자신이 이 문제를 해결하는 데 앞장서는 청지기 역할을 수행한 것입니다.

사티아르티의 용기 있는 헌신은 아동 인권이라는 보편적 가치를 전 세계에 알렸습니다. 이로써 모든 아이가 존엄한 삶을 누리도록 봉사하는 리더십의 본질을 보여 주었습니다.

앞서 소개한 세 인물은 각기 다른 시대와 분야에서 활동했지만, 그들의 삶은 하나의 진실을 보여 줍니다. 바로 가장 낮은 곳에서 섬길 때, 가장 강력한 영향력을 발휘할 수 있다는 것입니다. 이것이 서번트 리더십의 역설적인 비밀입니다. 이들은 자신의 권력이나 이익보다 타인의 필요를 우선하고, 그들의 잠재력을 최대한 이끌어 내어 스스로 성장하도록 도왔습니다.

서번트 리더십은 단순한 도덕적 이상이 아닙니다. 그것은 구성원들의 주인의식과 만족도를 높이고, 협력적인 문화를 조성하며, 궁극적으로 더 나은 사회를 만드는 데 기여하는 가장 효과적이고 윤리적인 리더십 모델입니다. 급변하는 현대 사회에서 공동체의 복리를 우선하고 구성원들의 잠재력 발휘를 돕는 섬김의 리더십은 더욱 빛을 발할 것입니다.

4장

서번트 리더십 자기평가

Self-Check List

당신의 섬김 DNA는 몇 점일까요? 지금부터 이어지는 문항들은 당신이 서번트 리더십의 열 가지 요소를 얼마나 잘 실천하고 있는지 스스로 돌아볼 수 있는 질문들입니다. 정답은 없으며, 솔직하게 자신을 평가하는 것이 중요합니다. 이 점검을 통해 당신의 강점은 무엇인지, 그리고 더 노력해야 할 부분은 무엇인지 명확히 파악하고 더욱 성장하기 바랍니다.

다음 문항에 대해 5점 척도로 응답하십시오. (1점: 전혀 그렇지 않다, 2점: 거의 그렇지 않다, 3점: 보통이다, 4점: 대체로 그렇다, 5점: 매우 그렇다)

문항	1점	2점	3점	4점	5점
1. 나는 팀원의 말을 경청한다.					
2. 나는 팀원의 필요를 먼저 파악하려고 노력한다.					
3. 나는 팀원이 어려움을 겪을 때 공감하고 위로한다.					
4. 나는 팀원의 개인적인 성장을 돕기 위해 노력한다.					
5. 나는 팀원이 잠재력을 최대한 발휘하도록 격려한다.					
6. 나는 팀원에게 권한을 위임하고 신뢰한다.					
7. 나는 팀원이 실수를 하더라도 비난하기보다 배울 기회를 준다.					
8. 나는 팀의 목표보다 팀원의 행복과 복지를 우선시한다.					
9. 나는 공동체 의식을 형성하기 위해 노력한다.					
10. 나는 팀원이 자율적으로 일할 수 있는 환경을 조성한다.					
11. 나는 겸손한 자세로 팀원을 섬긴다.					
12. 나는 팀원이 서로 돕고 협력하도록 장려한다.					
13. 나는 나의 리더십이 팀원에게 긍정적인 영향을 미치기를 바란다.					
14. 나는 팀원의 의견을 존중하고 의사결정에 반영한다.					
15. 나는 팀원에게 희망과 비전을 제시한다.					
16. 나는 팀원이 더 나은 사람이 되도록 돕는 데 기쁨을 느낀다.					
17. 나는 팀원의 어려움을 해결하기 위해 적극적으로 돕는다.					
18. 나는 팀원에게 배우려고 노력한다.					
19. 나는 팀의 성공이 팀원의 기여 덕분이라고 생각한다.					
20. 나는 팀원을 위한 봉사를 내 리더십의 중요한 가치로 생각한다.					
총점					

평가 방법 및 성장을 위한 조언

모든 문항의 점수를 합산하여 총점을 계산합니다.

총점	평가	실천 가이드
80점 이상	최고의 서번트 리더	타인의 필요를 우선시하고, 성장에 기여하며, 공동체를 형성하는 데 탁월합니다. 당신의 섬김 리더십은 주변에 큰 긍정적인 영향을 미치고 있습니다. 이 좋은 영향력을 지속적으로 확장하세요.
60–79점	성장 잠재력이 높은 서번트 리더	봉사와 지원의 리더십 역량이 비교적 양호합니다. 하지만 아직 리더십 발휘에 머뭇거리는 영역이 있을 수 있습니다. 5장에 제시한 훈련 미션에 참여하여 부족한 부분을 의도적으로 강화할 필요가 있습니다.
40–59점	보통 수준의 리더	서번트 리더십의 개념은 알고 있으나, 실제 행동과 실천에 옮기는 데 어려움이 있습니다. 경청, 공감, 치유, 성장에 대한 헌신 등의 영역에서 구체적인 훈련과 자기 성찰이 시급합니다.
39점 이하	근본적인 변화가 필요한 리더	타인을 섬기는 태도와 행동에 대한 근본적인 성찰과 변화가 필요합니다. 이 책에서 제시하는 예수 리더십의 본질과 그룹 훈련에 적극적으로 참여하여 리더십의 방향을 전환하세요.

5장

서번트 리더십 훈련 로드맵:
당신의 잠재력을 깨우는 4주 훈련 미션

머리로 아는 것과 가슴으로 행하는 것은 다릅니다. 서번트 리더십은 책상 위 이론이 아니라, 매일의 실천입니다.

예수님과 위대한 서번트 리더들의 삶을 보면서, 우리도 섬김의 리더가 될 수 있다는 희망을 발견했을 것입니다. 서번트 리더십은 타고나는 역량이 아니라, 의도적이고 지속적인 훈련과 노력을 통해 개발할 수 있는 삶의 태도입니다.

지금부터 제시하는 훈련 미션들은 우리의 리더십을 '지배'가 아닌 '섬김'의 관점으로 재정립하고, 이를 실제 행동으로 옮기기 위한 구체적인 방법입니다. 이 여정을 혼자 걷기보다, 그룹이 함께 참여하여 서로의 실천을 격려하고 피드백을 나눈다면 그 효과는 훨씬 커질 것입니다. 최소 4주 이상 서번트 리더십의 내용을 되새기며 훈련하고, 이 책의 다른 리더십에 도전하기 바랍니다.

핵심 역량	훈련 미션: 리더의 섬김 근육 키우기	함께하면 더 좋은 그룹 미션
경청 (Listening)	**숨겨진 소리 듣기** 상대방의 말을 끊지 않고 끝까지 듣고, 재진술함으로 제대로 이해하고 있는지 확인해 주세요. 특히, 비언어적 신호(표정, 제스처)를 읽어 내어 숨겨진 감정이나 의도까지 파악하는 연습을 하세요.	**경청 챌린지** 그룹원 중 한 명을 지정해 일상 대화나 회의 중 그의 '비언어적 신호'를 관찰하고, 대화 후 느낀 점을 공유하며 피드백을 주고받습니다.
공감 (Empathy)	**타인의 신발 신기** 자신과 다른 배경이나 직위를 가진 구성원의 입장에서 생각해 보는 연습을 하세요. "당신이 그런 상황이라면 정말 힘들겠네요"와 같이 구체적인 공감 표현을 사용해 인간적인 유대감을 형성하세요.	**역할극 미션** 서로의 역할을 바꿔 어려운 상황을 연출하고, 상대방의 관점을 직접 경험하며 감정 공감 능력을 개발합니다.
치유 (Healing)	**안전 지대 만들기** 팀원이 실패나 약점을 솔직하게 드러낼 수 있는 '심리적 안전감'을 조성하세요. 갈등이 발생했을 때 근본 원인을 파악하고, 관계 회복을 돕는 중재자 역할을 수행하세요.	**치유의 언어 학습** 상처를 주지 않고 격려하며, 어려움을 겪는 팀원에게 회복 탄력성을 심어 줄 수 있는 지지적인 언어를 함께 연구하고 공유합니다.
인식 (Awareness)	**윤리적 통찰력 기르기** 의사결정 시 발생할 수 있는 윤리적 딜레마를 미리 인지하고, 내 행동이 미칠 광범위한 영향을 다각도로 분석하세요. 단기적 성과가 아닌 시스템 전체의 본질을 꿰뚫어 보세요.	**윤리적 토론** 그룹이 함께 가상의 윤리적 딜레마 상황을 설정하고, 다양한 관점에서 해결책을 토론하며 거시적 안목을 키웁니다.
설득 (Persuasion)	**자발적 동의 이끌기** 강압이 아닌 논리적이고 합리적인 설득으로 팀원의 자발적인 참여를 유도하세요. 비전을 명확히 공유하고, 그들이 스스로 판단하고 행동할 수 있도록 권한을 위임하여 주도성을 이끌어 내세요.	**비전 공유 연습** 그룹원들 앞에서 자신의 장기적인 비전이나 아이디어를 설득력 있게 발표하는 연습을 하고, 설득력을 높이는 피드백을 주고받습니다.

핵심 역량	훈련 미션: 리더의 섬김 근육 키우기	함께하면 더 좋은 그룹 미션
개념화& 예지력 (Conceptualization& Foresight)	**장기적 그림 그리기** 현재 문제를 넘어 3, 5년 후 조직의 모습을 구체적인 비전으로 제시하는 훈련을 하세요. 시장 트렌드를 분석하고, 조직에 미칠 기회와 위협을 예측하는 시나리오 플래닝을 연습하세요.	**미래 예측 워크숍** 그룹이 함께 외부 환경 요인(기술, 사회 트렌드)을 분석하고, 이를 바탕으로 조직의 미래 시나리오를 함께 작성해 봅니다.
청지기 정신 (Stewardship)	**공동체의 선(善)을 위한 관리자** 조직의 모든 자원(재정, 인력, 시간)을 개인의 이득이 아닌 공동체의 목적과 선을 위해 현명하게 사용하고 관리하는 책임감을 내면화하세요.	**청지기 선언문 작성** 그룹원 각자가 자신이 맡은 역할이나 조직의 자원에 대해 '청지기'로서의 책임감과 윤리적 가치를 담은 선언문을 작성하고 공유합니다.
성장 헌신 (Commitment to the Growth of People)	**잠재력에 투자하기** 팀원 각자의 강점과 잠재력을 파악하여 맞춤형 코칭과 피드백을 제공하세요. 실수했을 때도 질책 대신 '학습의 기회'로 여기고, 새로운 시도를 격려하는 문화를 조성하세요.	**멘토링&코칭 실습** 그룹 내에서 멘토와 멘티 역할을 정하여 정기적인 성장 코칭을 실습하고, 서로의 성장 로드맵을 함께 만들어 줍니다.
공동체 형성 (Building Community)	**함께하는 문화 만들기** 경쟁보다 협력을 장려하고, 팀원이 서로의 강점을 활용하여 시너지를 낼 수 있도록 팀 빌딩 활동을 기획하세요. 모든 구성원이 소속감을 느끼도록 다양성과 포용의 문화를 만드세요.	**문화 조성 프로젝트** 그룹이 함께 소통 채널을 확대하고, 서로 지지할 수 있는 협력적 문화를 만들기 위해 구체적인 프로젝트(예: 정기적 비공식 교류의 장)를 실행합니다.

3부
잠재력을 깨우는
임파워링 리더십

권한을 독점하지 말라!
진짜 리더는 또 다른 리더를 세운다

3

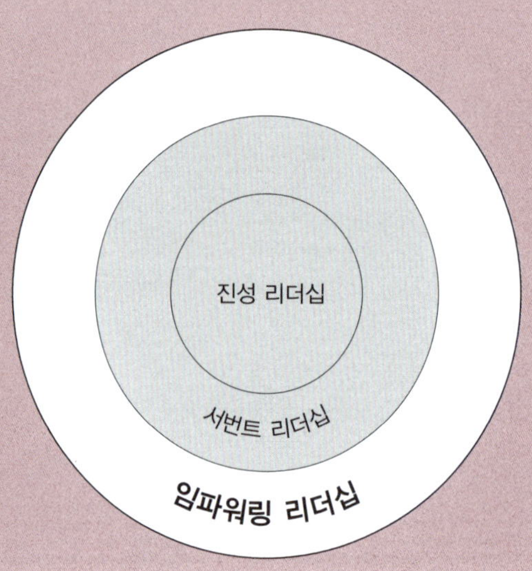

"여기서 더 자랄 수 있을까?
아니면 이제 떠날 때일까?"

제자를 리더로,
예수님의 임파워링 리더십

사람들은 종종 조직에서 자신의 잠재력을 마음껏 펼칠 힘(power)이 부족하다고 느낍니다. 진정한 리더십은 리더 혼자 힘을 독점하는 것이 아니라, 함께 일하는 사람들에게 스스로 일어설 힘을 부여하는 것, 즉 임파워링(Empowering, 능력부여)에서 시작합니다.

임파워링 리더십은 리더가 팔로워에게 권한을 위임하고, 책임을 부여하며, 자율성을 허용하고, 역량을 개발하도록 돕고, 정보를 공유하며, 의사결정에 참여시키는 여섯 가지 핵심 행동을 통해 팔로워가 자신의 일에 대한 의미, 역량감, 자기 결정권, 영향력이라는 네 가지 심리적 만족감을 경험하게 합니다.

이런 임파워링 리더십의 본질을 가장 완벽하게 나타내신 분이 바로 예수 그리스도입니다. 예수님은 제자들을 팔로워로만 부르신 것이 아니라 또 다른 리더로 세우셨습니다. 예수님은 제자들을 리더로 세우기 위해 구체적이고 체계적인 여섯 가지 임파워링 행동을 실천하셨습니다. 이 행동들은 단순한 지시가 아니라, 제자들이 스스로의 잠재력을 믿고 사명을 완수하도록 돕는 성장의 로드맵이었습니다. 예수님을 통해 임파워링 리더십을 배웁시다.

권한과 책임을 위임

임파워링 리더십의 시작은 권한 위임입니다. 예수님은 제자들에게 더러운 귀신을 쫓아내며 모든 병과 모든 약한 것을 고치는 권능을 위임하셨고(마 10:1), 두 명씩 짝을 지어 직접 현장에 파송하셨습니다(막 6:7). 이는 단순히 일을 분담한 것이 아니라, 제자들 스스로가 사역의 주체가 되어 성과에 책임을 지도록 만드신 리더십이었습니다.

현장에 자율성 부여

예수님은 제자들에게 자율성을 허용하고, 현장 상황에 맞춰 스스로 판단하도록 격려하셨습니다. 제자들을 파송하실 때 "어느 집에 들어가든지 거기서 머물다가 거기서 떠나라 누구든지 너희를 영접하지 아니하거든 그 성에서 떠날 때에 너희 발에서 먼지를 떨어 버려 그들에게 증거를 삼으라"(눅 9:4-5)라고 하셨습니다. 이는 현장에서 발생할 수 있는 복잡한 상황에 대해 스스로 결정할 권한을 주신 것입니다. 이러한 자율성 허용은 제자들의 자기 결정권을 강화하는 핵심 요소였습니다.

지속적인 코칭과 역량 강화

예수님은 제자들의 역량을 개발하기 위해 끊임없이 코칭하셨습니다. 사역을 마치고 돌아온 제자들의 보고를 들으시고(눅 10:17), 그들이 행한 일에 대해 칭찬과 교훈을 더해 주셨습니다. 또한 오병이어의 기적 직후처럼 제자들의 이해가 부족할 때는 "아직도 깨닫지 못하느냐"(막 8:21)고 물으시며, 그들의 생각의 폭을 확장하도록 도전하셨습니다. 이는 제자들의 역량을 점진적으로 강화하는 과정이었습니다.

비전과 핵심 정보의 공유

임파워링은 정보의 투명성에서 비롯됩니다. 예수님은 제자들을 향해 "너희는 내가 명하는 대로 행하면 곧 나의 친구라"(요 15:14)고 말씀하셨고, "내가 내 아버지께 들은 것을 다 너희에게 알게 하였음이라"(요 15:15)고 선언하셨습니다. 또 예수님은 군중들에게는 비유로 말씀하시고 제자들에게만 "하나님 나라의 비밀을 너희에게는 주었으나"(막 4:11)라고 하시며 그 비밀을 아는 것을 허락해 주셨습니다. 이처럼 예수님은 하나님 나라의 핵심 정보와 비전을 제자들에게 투명하게 공유하여, 그들이 사역의 의미와 중요성을 명확히 인지하게 하셨습니다.

문제 해결에 참여 유도

예수님은 중요한 의사결정 과정에 제자들을 적극적으로 참여시키셨습니다. 오병이어 기적을 앞두고 "우리가 어디서 떡을 사서 이 사람들을 먹이겠느냐"(요 6:5)고 제자들에게 물으신 것이 대표적인 예입니다. 이 질문은 예수님이 답을 모르셔서가 아니라, 제자들이 스스로 문제의 규모를 직시하고 해결책을 고민하도록 이끌어 냄으로써, 그들이 주도적인 역할을 수행하는 리더로 성장하도록 훈련하신 것입니다.

깊은 신뢰를 통한 실패 포용 문화 구축

궁극적인 임파워링은 팔로워가 실패를 두려워하지 않도록 깊은 신뢰와 실패 포용의 문화를 제공할 때 완성됩니다. 예수님은 제자들의 발을 직접 씻기시는 섬김의 모범을 통해(요 13:14-15), 리더십의 본질이 통치가 아니라 사랑과 봉사임을 가르치셨습니다. 이러한 행동은 제자들이 예수님 앞에서 두려움 없이 솔직하게 자신을 드러내고 실수를 인정할 수 있는 강한

유대감을 만들어 주었고, 이로 인해 그들의 영향력이 극대화될
수 있었습니다.

유대감을 만들어 주었고, 이로 인해 그들의 영향력이 극대화될
수 있었습니다.

2장

내면의 리더를 깨우는 임파워먼트

예수님의 임파워링 리더십은 제자들의 외적인 활동뿐만 아니라, 내면의 가장 깊은 곳을 변화시켰습니다. 바로 심리적 임파워먼트라는 내면의 힘이 길러진 것입니다. 제자들은 다음의 네 가지 강력한 믿음을 통해 위대한 리더로 변모했습니다.

의미성: "이 일은 나의 소명이요 가치 있는 일이다"

의미성(Meaning)은 내가 하는 일이 거대한 목적에 기여함을 믿는 것입니다. 예수님의 제자들은 자신들의 사역이 단순히 생계를 위한 일이 아니라, 하나님 나라의 확장에 목적을 두고 있음을 깨달았습니다. 예수님이 "내가 너희를 사람을 낚는 어부가 되게 하리라"(마 4:19)고 부르셨을 때, 이 깊은 의미성이 그들의 모든 고난과 역경을 이겨 내는 불타는 열정이 되었습니다.

역량감: "나는 이 일을 성공적으로 해낼 능력이 있다"

역량감(Competence)은 '나는 이 일을 능숙하게 수행할 수 있는 능력이 있다'고 여기며 스스로를 믿는 것입니다. 예수님은 제자들에게 실제적인 능력 체험을 통해 '내가 할 수 있다'는 내면의 확신을 심어 주셨습니다. 특히 "나를 믿는 자는 내가 하는 일을 그도 할 것이요 또한 그보다 큰 일도 하리니"(요 14:12)라고 선언하셨을 때, 제자들의 역량감은 인간적인 한계를 넘어 무한대로 확장되었습니다.

자기 결정권: "나는 내 사역을 스스로 통제하고 결정한다"

자기 결정권(Self-Determination)은 자신의 행동을 스스로 주도하고 통제할 수 있다는 자율성에 대한 믿음입니다. 예수님이 자율성을 허용하신 덕분에 제자들은 현장에서 복음을 전파할 때, 수많은 결정을 스스로 내려야 했습니다(눅 9:4-5). 이러한 경험은 제자들이 수동적인 지시 수용자가 아닌, 사역을 스스로 계획하고 조절하는 주체로서 행동하도록 만들었습니다.

영향력 : "내 노력이 세상의 변화를 돕는다"

영향력(Impact)은 자신의 노력이 조직이나 사역의 결과에 실질적인 변화를 가져온다는 확신입니다. 제자들이 사역을 마치고 돌아와 "주여 주의 이름이면 귀신들도 우리에게 항복하더이다"(눅 10:17)라고 기뻐하며 보고했습니다. 그들은 자신의 작은 행동이 세상에 거대한 결과를 만들어 냈음을 눈으로 확인한 것입니다. 이처럼 자신의 공헌이 헛되지 않고, 하나님 나라의 사역에 결정적으로 기여한다는, 영향력에 대한 강력한 믿음은 제자들이 핍박 속에서도 담대하게 사명을 완수하는 원동력이 되었습니다.

3장

베드로의 잠재력을 깨운
임파워링

예수님의 궁극적인 목표는 추종자를 만드는 것이 아니라 리더를 세우는 것이었습니다. 그분의 사역은 제자들을 향한 "나를 따르라"는 부르심으로 시작했지만 결국 "너희는 가서 모든 민족을 제자로 삼아"(마 28:19)라는 위임으로 완성되었습니다. 이는 제자들의 내면 깊은 곳에 심긴 의미성, 역량감, 자기 결정권, 영향력이라는 네 가지 심리적 임파워먼트가 꽃을 피울 수 있도록 그들을 세상의 리더로 파송하는 사랑의 선언이었습니다.

이러한 리더십 완성이 가장 극명하게 드러난 예가 예수님이 어부 시몬을 교회의 반석 베드로로 세우신 과정입니다. 예수님은 한 평범한 사람의 인생을 어떻게 위대한 리더로 임파워링하셨을까요?

예수님의 임파워링 리더십은 추상적인 이론이 아니라, 한 사람의 인생을 근본적으로 변화시킨 구체적인 로드맵이었습니다. 예수님은 모든 위대한 리더십이 '개인의 잠재력을 깨우는 신뢰'에서 시작됨을 베드로의 성장을 통해 드라마틱하게 보여 주셨습니다.

먼저, 베드로의 일에 하나님 나라의 의미를 깊이 심어 주셨습니다.

예수님은 베드로를 처음 부르셨을 때, 그의 사역에 가장 깊은 의미성을 부여하셨습니다. 평생 고기를 낚던 어부에게 "나를 따라오라 내가 너희를 사람을 낚는 어부가 되게 하리라"(마 4:19)고 말씀하셨습니다. 이는 생계를 위한 노동이 아닌, 하나님 나라의 확장이라는 거대한 목적에 기여하는 소명을 제시함으로써, 베드로에게 일에 대한 의미성을 확고하게 심어 준 것입니다. 이후 예수님은 베드로를 포함한 제자들의 삶과 사역 현장에 동행하며 끊임없이 정보를 공유하셨습니다. 이러한 동행은 베드로가 자신이 따르는 리더의 비전과 사역의 가치를 투명하게 이해하도록 만들었습니다. 또한 그가 스스로를 단순한 추종자가 아닌 사명에 동참하는 친구이자 동역자로 인식하게 했습니다.

직접 기적의 역량을 체험케 하심

임파워링 리더십은 팔로워에게 실질적인 권한과 책임을 부여할 때 꽃을 피웁니다. 예수님은 베드로를 포함한 제자들에게 직접 기적의 역량을 체험하게 하셨습니다. 귀신을 쫓고 모든 병을 고치는 권능을 위임하셨고, 그 권능으로 사역하도록 현장에 둘씩 짝지어 파송하셨습니다(막 6:7). 베드로는 이 파송을 통해 예수님이 하시는 일을 스스로 행하는 실제적인 능력 체험을 했습니다. 사역을 마치고 돌아와 기뻐 보고했을 때(눅 10:17), '나는 이 위대한 일을 성공적으로 해낼 능력이 있다'는 역량감이 내면 깊숙이 심겼을 것입니다.

특히, 예수님은 베드로에게 자신을 따라 물 위를 걷도록 격려하시며 믿음과 용기를 불어넣어 주셨습니다. 베드로의 역량감을 극대화하기 위해 극한의 도전 속에서 그를 격려하셨습니다. 베드로가 폭풍우 치는 바다 위에서 예수님을 향해 "주여 만일 주님이시거든 나를 명하사 물 위로 오라 하소서"라고 외쳤을 때, 예수님은 망설임 없이 "오라"고 대답하셨습니다(마 14:28-29). 베드로는 실제로 배에서 내려 물 위를 걸었습니다. 비록 잠시 두려움에 빠져 물에 빠지기도 했지만, 이 사건은 그에게 '예수님 안에서라면 인간의 한계를 초월할 수 있다'는 절대적인 역량감과 믿음의 자율성을 부여했습니다.

스스로 판단하고 결정하게 하심

예수님은 결정적인 순간에 베드로 스스로 신앙을 고백하도록 주도권을 넘겨주셨습니다. 진정한 임파워링은 스스로 판단하고 결정하도록 독려할 때 완성됩니다. 예수님은 베드로를 수동적인 지시 수용자가 아닌, 자신의 사역을 주도하는 능동적인 주체로 만드셨습니다. 가장 결정적인 순간은 "너희는 나를 누구라 하느냐"(마 16:15)는 질문을 통해 베드로의 신앙 고백을 이끌어 내신 때였습니다. 이 질문은 베드로가 군중의 의견을 넘어, 스스로 신앙과 사명에 대한 결단을 내리도록 유도한 의사결정 참여의 순간이었습니다. 베드로의 고백("주는 그리스도시요 살아 계신 하나님의 아들이시니이다")은 그가 현장에서 수많은 결정을 스스로 내릴 사역의 자기 결정권에 대한 믿음을 더욱 공고히 했습니다.

초대교회 영향력을 완성하심

예수님은 베드로에게 '반석 위임'과 실패 후의 회복을 경험하게 하심으로 이를 통해 초대교회의 영향력을 완성하셨습니다.

예수님은 베드로의 신앙 고백 위에 "이 반석 위에 내 교회를 세우리니"(마16:18)라고 선언하시며, 그에게 교회의 리더가 될 권한을 위임하셨습니다. 더 나아가, 자신을 세 번이나 부인했던 베드로에게 "요한의 아들 시몬아 네가 이 사람들보다 나를 더 사랑하느냐… 내 양을 먹이라"(요 21:15-17)라고 말씀하시면서, 실패해도 회복할 수 있다는 심리적 안전감과 깊은 신뢰를 느끼게 하셨습니다.

낙심하여 다시 고기를 잡으러 갔던 베드로에게 새벽 바닷가에서 조반을 준비하신 예수님의 모습은, 임파워링이 실패해도 결국 회복과 재위임으로 완성됨을 우리에게 보여 줍니다. 이 신뢰는 베드로가 자신의 공헌이 하나님 나라 사역에 결정적으로 기여한다는 강력한 영향력에 대한 믿음을 갖게 했고, 그가 초대교회의 기둥으로 담대하게 사명을 완수하며 궁극적인 리더로 성장하는 원동력이 되었습니다.

이 베드로의 드라마틱한 여정을 통해, 누구나 위대한 리더로 쓰임 받을 수 있다는 강력한 믿음을 얻을 수 있을 것입니다. 우리가 섬기는 공동체와 조직 속에서, 제자를 리더로 세우는 예수님의 임파워링 리더십을 실천해 나갈 때, 우리의 리더십은 새로운 차원의 영향력과 열매를 맺게 될 것입니다.

4장

신뢰의 연금술,
임파워링 리더십이 빚어낸 거인들

임파워링 리더십은 단순히 이상적인 이론이 아니라, 현실의 복잡한 문제 속에서 탁월한 결과를 만들어 낸 실제 리더들의 성공 전략이었습니다. 이러한 임파워링 리더십, '힘을 나누어 주는 리더십'을 정치, 기업, 종교라는 서로 다른 영역에서 실천하여 팔로워와 조직의 잠재력을 극대화한 인물의 이야기를 살펴보겠습니다. 임파워링 리더십이 어떻게 작동하고 어떤 열매를 맺는지 발견하기를 바랍니다.

앙겔라 메르켈 "위기 속에서 빛난 '할 수 있다'의 정신"

앙겔라 메르켈(Angela Merkel) 전 독일 총리의 16년 리더십을 한마디로 정의한다면, 그것은 '조용한 혁명'이었습니다. 물리학자 출신답게 감정보다는 사실과 데이터에 집중했으며, 권위적인 지시 대신 경청과 합의를 통해 유럽의 수많은 위기를 헤쳐 나갔습니다. 메르켈의 리더십은 전통적인 리더의 모습을 기대했던 많은 이에게 신선한 충격을 주었는데, 그 핵심에는 바로 임파워링 리더십의 요소들이 깊이 뿌리내려 있었습니다.

메르켈 리더십의 진 면목은 2008년 글로벌 금융 위기와 2015년 유럽 난민 위기라는 거대한 도전 앞에서 드러났습니다. 특히 난민 위기 당시, 유럽 전역이 공포와 이기심에 휩싸였을 때, 메르켈은 단호하지만 차분한 목소리로 독일 국민들에게 "우리는 해낼 수 있다"(Wir schaffen das)고 선언했습니다. 이 말은 단순한 구호가 아니라, 국민 개개인이 이 역사적인 인도적 과제에 참여하고 해결의 주체가 되도록 참여를 장려하는 강력한 임파워링 선언이었습니다.

그녀는 해결책을 지시하는 대신, 지방 정부, 자원봉사 단체와 일반 시민들에게 충분한 정보를 공유하고, 그들이 각자의 위치에서 가장 적합한 해결책을 스스로 찾아내도록 독려했습니다. 메르켈은 자신이 모든 답을 가지고 있다고 주장하는 대신, 이 복잡한 문제의 해답은 결국 국민과 전문가들 속에 있음을 신뢰했습니다. 이는 리더가 모든 것을 통제해야 한다는 고정관념을 깨뜨린 자율성 부여의 대표적인 사례입니다.

메르켈의 리더십은 회의실에서 더욱 명확히 드러났습니다. 그녀는 토론 과정에서 자신의 의견을 가장 나중에 말하는 것으로 유명했습니다. 모든 전문가와 동료들의 의견을 끝까지 경청하고, 그들이 사실과 데이터를 기반으로 논의를 이어 가도록 심리적 안전감을 조성했습니다. 동료들은 비판을 두려워할 필요가 없었고, 실수가 성장의 기회임을 알았습니다.

이렇게 모인 합의는 단순한 타협이 아니었습니다. 각 주체들이 충분한 역량 개발 지원을 받아 자신의 판단력에 확신을 가진 상태에서 내린 최선의 결정이었습니다. 유럽연합(EU) 내에서도 그녀는 강압 대신 협력을 통해 리더십을 발휘했습니다. 각 회원국의 자율성을 존중하면서도 공동의 목표를 향해 설득하고 조정하는 역할을 탁월하게 수행했습니다.

메르켈은 자신의 권한을 주변 전문가들에게 기꺼이 위임하고 그들의 역량감을 믿었습니다. 이 믿음은 팀원이 자신의 판단과 행동이 국가와 유럽에 실질적인 영향력을 미친다는 의미성을 느끼게 했습니다. 그녀의 임파워링 리더십은 통제 대신 신뢰와 참여를 통해, 팔로워 개개인이 스스로 문제 해결 능력을 키우고 위기를 극복하는 데 기여하도록 만든 탁월한 전략이었습니다. 퇴임 후에도 그녀에게 '유럽의 어머니'라는 별명이 남은 것은, 국민을 의존적인 팔로워가 아니라 스스로 일어설 힘을 가진 주체로 대했기 때문일 것입니다.

래리 페이지 "직원이 회사의 주인이자 미래가 되도록"

래리 페이지(Larry Page)는 세르게이 브린과 함께 구글을 세계 최고의 혁신 기업으로 일구어 낸 공동 창업자입니다. 그는 통제와 관료주의를 극도로 싫어했습니다. 직원들에게도 개개인이 곧 미래의 혁신가라는 신념을 바탕으로 '미친 아이디어'를 현실로 만들 수 있는 광범위한 자율성과 권한을 부여했습니다. 그야말로 임파워링 리더십의 전형을 보여 주었습니다.

페이지의 임파워링 철학을 상징적으로 보여 주는 것이 바로 구글의 전설적인 '20퍼센트 시간' 정책입니다. 이는 직원들이 주된 업무 외에 근무 시간의 20퍼센트를 개인적 관심사를 탐구하거나 혁신적인 아이디어를 개발하는 데 사용할 수 있도록 허용한 제도입니다. 이 정책은 혁신적인 아이디어를 품은 직원들에게 전례 없는 자율성을 부여하고 권한을 위임한 것입니다. 마치 페이지가 직원들에게 "당신이 세상에 기여하고 싶은 일이라면 무엇이든 시도해 보라"고 말하는 것과 같았습니다.

이 자율성 속에서 지메일(G-mail), 애드센스(AdSense)와 같은 구글의 핵심 제품들이 탄생했습니다. 조직의 핵심 비전은 공유하되, 그 실현 방식에 대한 자기 결정권을 직원들에게 맡긴 것이 구글 혁신의 원동력이었습니다. 직원들은 자신의 아이디어가 회사의 미래가 될 수 있다는 의미성과 영향력을 느끼며 스스로 동기 부여를 했습니다.

페이지는 직원들에게 현재의 기술적 한계에 갇히지 말고 '문샷'(moonshot) 아이디어를 추구하라고 끊임없이 독려했습니다. 문샷은 성공 확률은 낮지만 성공한다면 세상에 엄청난 변화를 가져올 수 있는 과감한 도전을 의미합니다. 그는 직원들이 실패를 두려워하지 않고 큰 도전을 할 수 있도록 심리적 안전감을 조성하는 데 주력했습니다. 페이지는 실패를 비난의 대상이 아닌 필수적인 학습 과정으로 보았습니다. 혁신은 실패를 먹고 자란다고 말했습니다. 이러한 개방적인 문화는 직원들이 리스크를 감수하고 창의성을 마음껏 발휘할 수 있는 환경을 만들었고, 이는 그들의 역량감을 극대화했습니다.

구글의 또 다른 특징은 극도의 정보 공유입니다. 페이지는 투명성이 직원들의 임파워먼트를 이끈다고 믿었으며, 내부적으로 광범위한 데이터를 공유하여 팀원이 스스로 합리적인 의사결정을 내릴 수 있도록 지원했습니다. 정보가 리더의 전유물이 아니라 모든 직원의 것이 되었을 때, 각 팀은 위에서부터의 지시를 기다릴 필요 없이 현장에서 가장 빠르고 효과적인 결정을 내릴 수 있었습니다. 또한, 그는 직원들이 끊임없이 배우고 성장할 수 있도록 역량 개발 지원에 적극적으로 투자했습니다. 페이지의 리더십은 직원 개개인을 주인의식을 가진 '미래의 개척자'로 신뢰하고 지원함으로써, 구글을 세계 최고의 혁신 기업으로 이끈 모범 사례로 남아 있습니다.

릭 워렌 "모든 교인을 사역자로"

릭 워렌(Rick Warren)이 세운 새들백교회는 전 세계 교회 성장의 새로운 모델을 제시했습니다. 그의 리더십 철학은 명확합니다. "훌륭한 리더는 모든 일을 스스로 하는 사람이 아니라, 다른 사람들이 일하도록 돕는 사람이다." 워렌은 예수님의 임파워링 모델을 교회 공동체에 그대로 적용하여, 평신도 개개인을 수동적인 청중이 아닌, 능동적인 사역의 주체로 세우는 데 집중했습니다.

워렌의 핵심 철학은 '모든 교인이 사역자'(Every Member is a Minister)라는 믿음에 기초합니다. 그는 교회 성장이 목회자 한 사람의 능력에 달려 있는 것이 아니라, 모든 성도가 자신의 영적 은사와 재능을 발견하고 그것을 사역에 사용하도록 권한을 위임하는 데 있다고 보았습니다. 새들백교회는 수천 명의 자원봉사자들이 소그룹을 이끌고 수백 개의 다양한 사역 팀을 조직하여, 교회의 모든 기능을 스스로 운영하는 방식으로 돌아갑니다.

워렌 목사는 이들에게 끊임없이 교회의 핵심 비전과 목표를 공유했습니다. 성도들은 자신의 봉사가 교회를 넘어서 하나님 나라 확장에 의미와 영향력을 미친다는 사실을 명확히 이해했습니다. 그는 성도 개개인에게 자신의 역할을 주도적으로 계획하고 실행할 수 있는 광범위한 자율성을 부여하여, 그들의 자기 결정권을 강화했습니다.

워렌은 성도들이 사역을 수행할 역량감을 갖추도록 지원하는 것을 자신의 가장 중요한 역할로 여겼습니다. 그는 성도들이 자신의 은사와 재능을 발견하고 효과적인 봉사 기술을 습득할 수 있도록 체계적인 교육 프로그램과 훈련을 제공하는 데 전념했습니다.

이러한 임파워링은 국내 사역에만 머무르지 않았습니다. 새들백교회의 상징적인 사역인 'PEACE 플랜'은 빈곤 퇴치, 질병

치료, 지도자 육성 등 다섯 가지 글로벌 목표를 평신도가 직접 주도하도록 권한을 위임한 대표적인 사례입니다. 성도들은 목회자의 지시를 기다리는 대신, 전 세계의 문제에 대한 해답을 스스로 찾아 실천하도록 독려받았고, 이 경험은 그들의 리더십 역량을 폭발적으로 키웠습니다.

워렌 목사는 성도들이 실패를 두려워하지 않고 새로운 사역 아이디어를 시도할 수 있도록 지지하고 격려하는 심리적 안전감을 교회 공동체 안에 구축했습니다. 그는 실수를 통해 배우는 문화를 강조했으며, 성도들의 노력을 인정했습니다. 이러한 신뢰와 지지 속에서 평범한 교인들은 자신의 잠재력을 발견하고 세상에 실질적인 변화를 만들어 내는 주체로 성장했습니다. 릭 워렌의 임파워링 리더십은 종교 공동체가 개인의 성장과 리더십 개발을 통해 어떻게 집단적 비전을 실현하고 세상에 긍정적인 영향을 미칠 수 있는지를 보여 주는 강력한 영감의 원천입니다.

5장

임파워링 리더십 자기평가

Self-Check List

당신의 현재 리더십 모습을 점검하고, 예수님의 임파워링 리더십에 얼마나 가까이 다가섰는지 확인해 보십시오.

다음 문항에 대해 5점 척도로 응답하십시오. (1점: 전혀 그렇지 않다, 2점: 거의 그렇지 않다, 3점: 보통이다, 4점: 대체로 그렇다, 5점: 매우 그렇다)

문항	1점	2점	3점	4점	5점
1. 나는 팀원의 동기부여를 돕는다.					
2. 나는 팀원이 자신감을 가지고 일하도록 지원한다.					
3. 나는 팀원과 성과에 대한 기대를 명확하게 공유한다.					
4. 나는 팀원이 주인의식을 가지고 일하도록 돕는다.					
5. 나는 팀원의 성과에 대한 피드백을 정기적으로 제공한다.					
6. 나는 팀원이 스스로 판단하고 행동할 수 있는 환경을 조성한다.					
7. 나는 팀원이 더 나은 리더로 성장하도록 돕는 데 집중한다.					
8. 나는 팀원이 스스로 결정을 내리도록 격려한다.					
9. 나는 팀원에게 충분한 정보와 자원을 제공한다.					
10. 나는 팀원이 자기 업무를 계획하고 실행할 수 있도록 지원한다.					
11. 나는 팀원이 문제에 직면했을 때 스스로 해결하도록 돕는다.					
12. 나는 팀원의 독창적인 아이디어를 존중하고 장려한다.					
13. 나는 팀원에게 새로운 역할을 시도할 기회를 제공한다.					
14. 나는 팀원이 실수를 통해 배우도록 허용한다.					
15. 나는 팀원의 성공을 공개적으로 인정하고 축하한다.					
16. 나는 팀원이 자신의 성과에 대해 책임감을 느끼도록 한다.					
17. 나는 팀원에게 충분한 권한을 위임한다.					
18. 나는 팀원이 스스로 목표를 설정하도록 돕는다.					
19. 나는 팀원이 역량을 개발할 수 있도록 교육 기회를 제공한다.					
20. 나는 팀원이 자신의 강점을 활용하도록 격려한다.					
총점					

평가 방법 및 성장을 위한 조언

모든 문항의 점수를 합산하여 총점을 계산합니다.

총점	평가	성장을 위한 조언
80점 이상	임파워링 리더십 역량이 매우 높음	팀원에게 권한과 책임을 부여하고, 자율성을 존중하며, 역량 강화를 통해 잠재력을 최대한 발휘하도록 효과적으로 지원하고 있습니다.
60–79점	임파워링 리더십 역량이 비교적 양호함	팀원의 자율성과 역량 강화를 위한 노력을 더욱 기울일 필요가 있습니다.
40–59점	임파워링 리더십 역량이 보통 수준	팀원에게 더 많은 자율권을 부여하고, 문제 해결 능력을 키울 기회를 제공하며, 성과에 대한 인정을 강화해야 합니다.
39점 이하	임파워링 리더십 역량 개선이 시급함	팀원을 신뢰하고, 권한을 위임하며, 그들의 성장을 지원하는 리더십 접근 방식으로의 전환이 절실합니다.

6장

임파워링 리더십 훈련 로드맵:
리더를 세우는 4주 실천 미션

예수님은 제자들을 단숨에 리더로 세우지 않으셨습니다. 3년 동안 체계적인 훈련 과정을 통해 그들이 스스로 설 수 있도록 도우셨습니다. 이 임파워링 리더십은 실천적인 훈련을 통해 습득할 수 있습니다. 다음은 리더가 팔로워의 잠재력을 극대화하고, 그들을 미래의 리더로 세우기 위한 구체적이고 실천적인 로드맵입니다. 최소 4주 이상 임파워링 리더십의 내용을 되새기며 훈련하고, 이 책의 다른 리더십에 도전하기 바랍니다.

심리적 안전지대 구축

가장 먼저 할 일은 팀원이 실패를 두려워하지 않는 환경을 만드는 것입니다. 리더의 임파워링 행동이 진정성을 가지려면, 팀원이 솔직하게 자신의 의견을 개진하고 실수를 인정할 수 있는 심리적 안전감이 선행되어야 합니다.

| 실수 공개 및 학습 | 팀 회의에서 리더 자신이 저질렀던 작은 실수와 그를 통해 배운 교훈을 솔직하게 공유하십시오. 리더의 취약성은 팀원의 심리적 장벽을 낮춥니다.

| 비판 환영 문화 | 건설적인 비판을 공격으로 받아들이지 말고, "좋은 의견 감사합니다. 이 부분을 더 논의해 봅시다"와 같이 긍정적으로 반응하십시오. 비판을 장려하는 분위기가 혁신적인 아이디어를 불러옵니다.

| 처벌 없는 실패 | 실패를 했더라도 비난 대신, 실패의 원인을 함께 분석하고 다음 단계로 나아갈 방안을 찾는 '성장의 기회'로 삼으십시오.

점진적인 권한 위임 및 자율성 부여

임파워링의 핵심은 '권한'을 나누어 주는 것입니다. 신뢰가 쌓이지 않은 상태에서 큰 권한을 한 번에 위임하면 팀원은 부담감을 느끼고 실패할 확률이 높습니다. 작은 것부터 시작하여 점진적으로 범위를 넓혀 가야 합니다.

| 가장 작은 권한부터 부여 | 팀원이 감당할 수 있는 가장 작은 프

로젝트나 업무 결정권부터 위임하십시오. 예컨대, '보고서 디자인 방식 결정'이나 '특정 회의의 의제 설정' 등입니다.

| 결과 중심의 위임 | 일의 '방법'(How)에 간섭하기보다, 일의 '결과'(What)만 명확히 공유하고 프로세스는 팀원에게 전적으로 맡기십시오. 불필요한 마이크로 매니징은 자율성을 저해합니다.

| 권한과 책임의 명확화 | 위임 시, 팀원에게 주어진 권한의 범위(어디까지 스스로 결정할 수 있는지)와 그에 따른 책임(결과에 대한 책임)을 명확하게 문서화하고 상호 확인해야 합니다.

코칭을 통한 역량 개발 지원

자율성을 부여했다는 것은 방치를 의미하지 않습니다. 리더는 지속적인 코칭과 멘토링을 통해 팀원이 그 권한을 효과적으로 사용할 수 있도록 역량 개발을 지원해야 합니다.

| 질문을 통한 해답 유도 | 팀원이 문제에 직면했을 때, 즉시 해결책을 제시하는 대신, "당신이라면 어떻게 하시겠습니까?" 또는 "이 문제를 해결하기 위해 어떤 정보가 필요합니까?"라고 되물으십시오. 이는 그들의 자기 결정권과 문제 해결 능력을 키웁니다.

| 정기적인 1:1 코칭 | 단순히 업무 진행 상황을 묻는 것이 아니라,

팀원의 개인적인 성장 목표, 직무 만족도, 필요한 자원에 대해 주기적으로 대화하는 시간을 가지십시오.

| 성공 경험의 강조 | 팀원이 작은 성공을 거두었을 때 이를 공개적으로 인정하고 칭찬하여, 그들이 '나는 이 일을 해낼 수 있다'는 역량감을 내면화하도록 적극적으로 지원하십시오.

투명한 정보 공유 및 참여 장려

팀원이 조직 전체의 목표와 맥락을 이해할 때, 비로소 그들은 주인의식(의미성)을 가지고 능동적으로 일할 수 있습니다.

| 비전의 공유 | 조직의 비전과 단기/장기 목표를 투명하게 공유하여 팀원이 자신의 업무가 전체에 미치는 영향력을 명확히 이해하도록 돕습니다.

| 경영 정보의 개방 | 재무 상황, 고객 피드백, 주요 전략 변화 등 중요한 경영 정보를 가능한 범위 내에서 투명하게 공개하십시오. 정보의 독점은 불신과 수동성을 낳습니다.

| 의사결정 참여 유도 | 중요한 정책이나 팀 운영 방식을 결정할 때, 팀원의 의견을 수렴하는 회의를 정기적으로 개최하십시오. 이는 그들의 참여를 통해 자기 결정권을 강화하는 중요한 과정입니다.

4부
새 시대를 여는
변혁적 리더십

현재에 머물지 말라! 진짜 리더는
근본적 변화를 주도한다

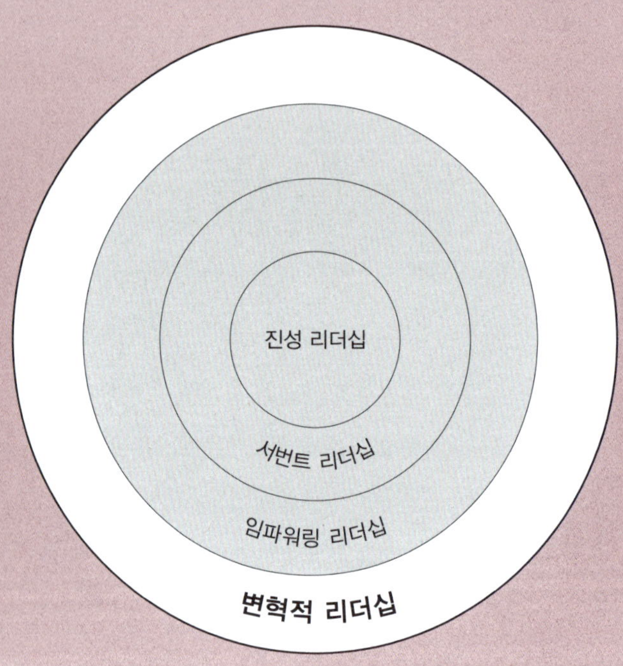

“바쁘게 달리고는 있는데,
어디로 가는지는 모르겠다”

변화의 중심에 서신
예수님의 변혁적 리더십

변혁적 리더십(Transformational Leadership)은 기존의 거래적 리더십(Transactional Leadership)과는 근본적으로 다릅니다. 이는 개인과 조직을 넘어 사회 전체를 한 단계 더 높은 차원으로 도약시키는 근본적인 변화를 목표로 합니다. 리더가 추종자의 가치관과 세계관을 재정립하고, 그들 스스로가 변화의 주체가 되어 더 큰 사명에 헌신하도록 이끄는 리더십입니다.

변혁적 리더십의 핵심은 흔히 4I's라고 불리는 네 가지 구성 요소로 이루어져 있습니다. 예수님의 리더십은 이 모든 요소를 완벽하게 포괄하는 가장 완전한 사례라고 할 수 있습니다. 예수님은 추종자들의 가치관과 세계관을 재정립하고, 그들 스스로가 변화의 주체가 되어 더 큰 사명에 헌신하도록 이끄셨습니다. 그분의 행동과 가르침을 따라, 변혁적 리더십의 네 가지 핵심 요소가 어떻게 완성되었는지 살펴봅시다.

이상적 영향력: 흠 없는 삶과 희생으로 신뢰를 얻다

이상적 영향력(Idealized Influence)은 리더가 흠 없는 삶과 자기 헌신적인 사랑을 통해 추종자들에게 깊은 존경과 신뢰를 얻는 것입니다. 예수님은 바로 그분 자체로 가장 이상적인 롤 모델이었으며, 진실성과 일관된 모습으로 강력한 카리스마를 발휘하셨습니다.

그분의 이상적 영향력은 산상수훈에서 제시된, 세상의 가치를 뒤엎는 윤리적 모범에서 시작되었습니다. '심령이 가난한 자', '온유한 자'는 복이 있다는 팔복(마 5:3-12) 선포는 세상이 추구하는 힘과 명예의 가치를 뒤엎는 혁명적인 메시지였습니다. 예수님은 제자들에게 "너희는 세상의 소금이며 빛"이라는 높은 윤리적 기준을 제시하심으로써, 곧 그분 자신이 이 세상의 빛과 소금이 되어 오셨음을 증명하셨습니다.

가르침뿐 아니라 행동에서도 그분은 타협 없는 정의를 보여 주셨습니다. 성전의 상업화를 질책하며 직접 상을 뒤엎으신 행동(요 2:13-16)은 그분의 원칙을 분명히 보여 주었고, 간음한 여인을 용서하신 사건(요 8:1-11)은 율법의 본질인 사랑과 용서를 몸소 실천한 최고의 도덕적 모범이었습니다. 특히 십자가에서의 자기 희생은 "이를 위하여 너희가 부르심을 받았으니 그리스도도 너희를 위하여 고난을 받으사 너희에게 본을 끼쳐 그 자취를 따라오게 하려 하셨느니라"(벧전 2:21)는 말씀처럼, 인류 구원을 위한 길을 스스로 걸어가신 것으로, 제자들에게 깊은 감동과 헌신을 불러일으킨 궁극적 사랑의 모범이었습니다.

영감적 동기 부여(Inspirational Motivation)는 추종자들에게 원대하고 희망적인 비전을 제시하며, 현실의 한계를 넘어선 궁극적인 목적을 향해 나아가도록 고무하는 능력입니다. 예수님은 제자들에게 '하나님 나라'라는 영원한 가치를 심어 주며, 단순히 현실적인 목표를 넘어선 위대한 목표에 헌신하도록 동기를 부여하셨습니다.

예수님은 산상수훈을 통해 "무엇을 먹을까 무엇을 마실까 무엇을 입을까 하지 말라… 너희는 먼저 그의 나라와 그의 의를 구하라"(마 6:31-33)고 명령하셨습니다. 이 말씀은 현실적인 불안과 욕망을 넘어 더 크고 영원한 가치를 바라보라는 강력한 비전이었습니다. 이는 제자들에게 천국 시민이라는 새로운 정체성과 자부심을 심어 주어, 세상의 어떤 고난도 이겨 낼 수 있는 내적인 힘을 길러 주신 것입니다.

이 비전이 현실이 될 수 있음을 증명하기 위해 현실의 한계를 뛰어넘는 기적들을 보여 주셨습니다. 오병이어의 기적(마 14:13-21)은 하나님 나라의 풍성함과 예수님의 무한한 능력을 보여 주며 제자들의 믿음을 고취시켰습니다. 폭풍우 치는 바다를 걸으신 사건(마 14:22-33)은 베드로에게 물 위를 걷도록 격려하시며 '불가능은 없다'는 강력한 희망의 원천이 되었습니다. 이러한 기적들을 통해 제자들은 눈앞의 위협보다 더 큰 주님의 권능을 신뢰하게 되었습니다.

지적 자극: 고정관념을 깨고 율법의 본질을 탐구하게 하다

지적 자극(Intellectual Stimulation)은 비유와 질문, 그리고 기존의 권위와 관습에 대한 도전적인 가르침을 통해 사람들의 사고를 자극하고 진리를 스스로 탐색하도록 이끄는 것입니다. 예수님은 답을 직접 주기보다 스스로 깨달음에 이르도록 탐구와 성찰의 과정을 제공하셨습니다.

예수님은 산상수훈의 가르침을 통해 당시 유대 사회에 만연했던 형식적인 사고방식에 도전하셨습니다. 그분은 살인을 '형제에게 노하는 것'까지, 간음을 '음욕을 품는 것'까지 확장하여 율법의 본질과 정신을 깊이 파고들도록 요구하셨습니다. 또한, '눈은 눈으로, 이는 이로 갚으라'던 보복법 대신 '악한 자를 대적하지 말라'는 용서와 사랑의 혁명적인 명령을 주셨습니다.

또한, 선한 사마리아인 비유(눅 10:25-37)를 통해 당시 멸시받던 사마리아인이 진정한 이웃의 의미를 실천했다고 가르치심으로써, 사람들의 고정관념을 깨고 새로운 통찰을 얻게 했습니다.

개별적 배려 : 맞춤형 회복과 성장 지도로 잠재력을 키우다

개별적 배려(Individualized Consideration)는 수많은 군중 속에서도 각 개인에게 깊은 관심을 기울이고, 특성과 필요에 맞춰 맞춤형 지도와 훈련을 제공하는 리더십입니다. 예수님은 수많은 군중 속에서도 제자 한 사람 한 사람의 내면을 배려하고 잠재력을 발휘하도록 도우셨습니다.

산상수훈은 비록 대중을 향한 말씀이었지만, "구하라 그리하면 너희에게 주실 것이요 찾으라 그리하면 찾아낼 것이요"(마 7:7)와 같이 하나님과의 개인적인 관계 속에서 각자의 필요를 채우라는 맞춤형 조언이었습니다. 또한, "보물을 하늘에 쌓아 두라"(마 6:20)는 말씀은 각 개인이 자신의 삶에서 무엇을 가장 가치 있게 여겨야 할지에 대한 개인 맞춤형 가치관 조언이었습니다.

예수님의 변혁적 행동은 이러한 개별적 배려를 극대화했습니다. 사마리아 여인을 만나신 사건(요 4:1-26)은 당시 사회적 관습을 뛰어넘는 최고의 개별적 배려였으며, 이 만남을 통해 여인은 복음의 증인으로 변화되는 기적을 경험했습니다. 특히 의심하는 도마를 만나신 사건(요 20:24-29)에서도 그를 꾸짖지 않고 증거를 보여 주심으로써, 각자의 성향과 필요를 존중해 배려하셨습니다. 이러한 맞춤형 회복과 성장 지도는 궁극적으로 제자들이 잠재력을 발휘하도록 도왔습니다.

2장

사울에서 바울로,
세상을 변혁한 선교 리더십

예수님의 가르침이 변혁적 리더십의 완성이었다면, 사도 바울의 삶은 그 리더십이 실제로 세상을 어떻게 변화시켰는지를 증명하는 살아 있는 간증입니다. 한때 기독교를 멸망시키려던 박해자 '사울'이 인류 역사상 가장 위대한 복음 전파자 '바울'로 변모한 과정이야말로, 변혁적 리더십이 한 개인의 정체성과 사명을 완전히 재창조하는 드라마였습니다.

변혁의 시작: 삶의 모든 기반이 뒤집히다

바울의 리더십은 다메섹 도상에서 시작된 충격적인 회심 사건에서 비롯됩니다. 그는 당시 기독교를 말살하려던 유대교의 열렬한 엘리트였지만, 부활하신 예수님을 직접 만나는 경험을 통해 그의 삶의 모든 기반이 완전히 뒤집혔습니다(행 9:1-19). 이 사건은 그에게 강력한 변혁적 비전을 심어 준 계기가 되었습니다.

바울에게 예수님은 완벽한 롤 모델이었습니다. 그는 율법에 갇혀 보지 못했던 사랑과 은혜의 복음을 깨달았습니다. 자신도 예수님처럼 모든 것을 버리고 십자가의 고난을 기꺼이 감수하겠다는 자세를 갖추었습니다. "내가 그리스도와 함께 십자가에 못 박혔나니 그런즉 이제는 내가 사는 것이 아니요 오직 내 안에 그리스도께서 사시는 것이라"(갈 2:20)는 그의 고백은, 그의 삶 자체가 그리스도의 이상적인 모범을 따르고자 하는 헌신에서 비롯되었음을 보여 줍니다. 이 도덕적 권위와 헌신적인 삶의 자세는 자신을 뒤엎은 예수님의 이상적 영향력(Idealized Influence)에 기인한 것입니다.

바울은 '이방인의 사도'라는 영감적 동기(Inspirational Motivation)를 예수님으로부터 부여받았습니다(롬 11:13). 이에 이끌리어 유대인이라는 민족적 경계를 넘어 당대 문명의 중심지였던 아시아와 유럽 전역을 누비기 시작했습니다. 바울이 여러 지방에서 매번 매를 맞고 감옥에 갇히며 배가 파선하는 현실의 고난 속에서도 계속 앞으로 나아갈 수 있었던 강력한 힘은 '영감적 동기'였습니다. 그가 세운 수많은 교회는 당시 세계를 근본적으로 변화시키는 핵심 거점이 되었습니다.

바울의 변혁적 리더십이 빛난 또 하나의 순간은, 복음의 핵심 가치를 지키기 위해 기득권층과 맞서 싸운 예루살렘 공회 사건입니다(행 15장). 유대 출신의 종교 지도자들은 이방인 신도들에게도 유대인의 율법, 특히 할례를 요구하며 복음의 문턱을 높이려 했습니다.

바울은 율법이 아닌 '믿음으로 의롭게 된다'는 이신칭의(以信稱義) 교리로 정면 승부했습니다. 그는 로마서를 통해 이 원리를 체계적으로 정립하며, 수천 년간 지속되어 온 행위와 율법 중심의 전통적 사고에 강렬한 지적 자극(Intellectual Stimulation)을 주었습니다. 이는 당시 유대교의 권위와 관습에 대한 가장 혁명적인 도전이었으며, 기독교가 전 세계로 확장되는 신학적 기초를 놓았습니다. 바울은 이 지적 자극을 통해 이방인 신도들의 사고의 틀을 깨고 복음의 본질을 깨닫게 했습니다.

바울은 율법이라는 무거운 짐을 이방인들에게 지우는 것을 막아 냄으로써, 각 지역과 문화의 특성을 개별적으로 배려하는 리더십을 보여 주었습니다. 그는 유대인 신도들과 이방인 신도들이 서로의 문화적 차이로 인해 불필요한 갈등을 겪지 않도록 조율하며, 모두가 그리스도 안에서 하나 될 수 있는 길을 열었습니다. 이는 획일적인 잣대가 아닌, 각 신자의 영적 성숙도와 배경을 존중하는 맞춤형 지도의 완성이었습니다.

변혁의 확장: 형제의 믿음의 변화를 돕다

바울은 단순히 교회를 개척하는 데 그치지 않고, 그가 세운 공동체들이 지속적으로 성장하고 변혁하도록 신약 성경의 서신을 통해 개별적이고 심도 있는 리더십을 발휘했습니다.

바울의 서신들은 마치 오늘날의 맞춤형 코칭과 같습니다. 고린도전서에서는 분열과 도덕적 문제를 겪는 공동체에 대한 섬세한 해결책을 제시했고, 빌레몬서는 도망친 노예 오네시모를 용서하고 형제로 받아들이도록 권고하는 지극히 개인적인 편지였습니다. 그는 멀리 떨어져 있는 신도 한 사람 한 사람의 영적 필요와 삶의 문제에 깊이 개입하며, 그들이 복음 위에 굳건히 서도록 도왔습니다. 이처럼 그는 수많은 교회를 향해 열두 개 이상의 서신을 써서 이방인 신도들의 믿음을 굳건히 세웠습니다.

바울의 변혁적 리더십은 개인의 정체성을 바꾸고(개별적 배려, Individualized Consideration), 교회의 신학적 기초를 놓았으며, 세계관을 확장하여 기독교를 전 세계적인 종교로 확장시키는 핵심 동력이 되었습니다. 그의 삶은 말과 행동이 완벽하게 일치하는 변혁의 증거이며, 모든 시대의 리더들에게 영감을 주는 모범이 됩니다.

3장

세상을 뒤집어 놓은
변혁적 리더들

변혁적 리더십의 구성 요소들이 실제 역사에서 어떻게 적용되었는지 살펴봅시다. 정치, 기업, 종교 분야에서 변혁적 리더십을 발휘한 세 리더의 사례를 분석하여, 이 리더십의 실제적인 힘을 탐구하려고 합니다.

넬슨 만델라 "증오를 넘어 '무지개 국가'를 만들다"

넬슨 만델라(Nelson Mandela)는 남아프리카공화국의 '아파르트헤이트'(인종차별 정책)에 맞선 상징적인 인물이자 최초의 흑인 대통령입니다. 그는 27년간의 긴 수감 생활에도 불구하고 증오와 복수 대신 용서와 화해의 길을 택해, 분열되었던 남아프리카공화국 사회를 통합하는 데 결정적인 역할을 했습니다. 만델라의 리더십은 이상적인 영향력, 희망과 통합의 비전을 제시한 영감적 동기 부여, 미래를 지향하도록 이끈 지적인 자극을 통해 남아프리카공화국 사회를 근본적으로 변혁시킨 변혁적 리더십의 최고봉으로 평가받습니다.

만델라는 27년간 투옥 후에도 증오심 없이 용서와 화해를 주장해 전 세계인으로부터 존경과 경외심을 받았습니다. 그의 개인적인 희생, 흔들림 없는 신념, 인종 화합을 향한 도덕적 권위는 그를 단순한 정치 지도자를 넘어선 이상적인 인물로 만들었습니다. 이러한 모범적인 행동은 남아프리카공화국 국민들에게 영감을 주었고, 그들 스스로 과거의 증오를 극복하고 화해의 길로 나아가도록 이끌었습니다.

만델라는 '무지개 국가'라는 강력하고 영감적인 비전을 제시하며, 흑인과 백인이 평등하고 조화롭게 살아가는 미래를 꿈꾸도록 국민들을 동기 부여했습니다. 그는 과거의 아픔과 분열을 넘어 새로운 국가를 건설할 수 있다는 희망의 메시지를 끊임없이 전달했으며, 그의 긍정적이고 낙관적인 태도는 국민들에게 행동할 용기를 불어넣었습니다.

만델라가 설립한 진실화해위원회(TRC)는 지적인 자극의 핵심 사례입니다. 그는 과거의 잔혹한 역사를 직시하되, 복수 대신 용서와 화해를 통해 사회 전체의 사고방식을 변혁하도록 이끌었습니다. 그는 국민들이 증오와 분노라는 틀에서 벗어나 더 큰 가치를 추구하도록 도전하게 했습니다. 이 모든 요소를 통해 그는 극심하게 분열된 남아프리카공화국 사회를 근본적으로 변혁시킨 변혁적 리더십의 살아 있는 전설로 남아 있습니다.

스티브 잡스 "틀을 깨고 도전하게 하다"

스티브 잡스(Steve Jobs)는 '애플'의 공동 창업자로서, 개인용 컴퓨터, 스마트폰, 디지털 음악 등 여러 산업 분야에서 혁신적인 제품과 비전을 제시하며 전 세계 기술 산업과 소비 문화를 근본적으로 바꿔 놓았습니다. 그는 기술과 예술의 융합을 추구하며 "다르게 생각하라"(Think Different)는 철학을 강조했고, 이는 직원과 고객 모두에게 강력한 영감을 주었습니다. 잡스는 불가능해 보이는 비전을 제시하고, 팀원에게 극한의 지적인 자극을 주어, 그들의 잠재력을 끌어내 혁신적인 제품을 만들도록 동기를 부여하는 변혁적 리더십의 대표적인 기업가로 평가받습니다.

잡스는 단순히 제품 판매를 넘어 '세상을 바꾸는 혁신'이라는 강력한 비전을 제시하며 직원들을 동기 부여했습니다. 그는 직원들이 기존의 틀을 깨고 과감하게 도전하도록 고무시켰습니다. 그의 열정적인 발표는 고객들에게도 제품에 대한 열망을 불어넣어 애플 팬덤 문화를 형성하는 데 결정적인 역할을 했습니다.

잡스는 완벽주의와 디자인에 대한 타협 없는 집착을 통해 강력한 카리스마를 발휘했습니다. 그는 자신의 비전을 관철시키고, 직원들이 불가능하다고 여긴 목표까지 달성하도록 이끌었습니다. 그의 확고한 신념과 모범적인 몰입은 직원들에게 깊은 존경심을 불러일으켰고, 그들은 잡스의 비전을 현실로 만들기 위해 기꺼이 헌신했습니다.

잡스는 직원들이 현 상태에 안주하지 않고 끊임없이 새로운 해결책을 탐색하도록 지적인 자극을 주었습니다. 그는 '현실 왜곡현장'(Reality Distortion Field)이라는 별명처럼, 기존의 한계를 초월하는 사고를 요구하며 직원들이 스스로 창의적이고 혁신적인 아이디어를 발굴하도록 독려했습니다. 끊임없는 질문과 비판은 팀원의 사고를 확장시키고 기존의 관습에 도전하게 만드는 원동력이었습니다.

마틴 루터 킹 주니어 "고착화된 사회 문제를 바로잡다"

마틴 루터 킹 주니어(Martin Luther King Jr.)는 미국의 침례교 목사이자 아프리카계 미국인 민권 운동의 중요 지도자입니다. 비폭력 시민 불복종 운동을 통해 인종차별에 맞서 싸웠고, 흑인의 평등한 권리를 옹호하며 미국 사회의 근본적인 변화를 이끌어냈습니다. 킹 목사의 리더십은 "나에게는 꿈이 있습니다"(I Have a Dream)로 대표되는 강력한 비전 제시, 대중의 마음을 움직이는 영감적인 연설, 그리고 불의에 대한 새로운 사고방식을 촉구하는 지적인 자극을 통해 미국 사회를 변혁시킨 대표적인 사례입니다.

킹 목사는 흑인뿐 아니라 모든 미국인에게 인종 차별 없는 평등하고 정의로운 사회의 강력한 비전을 제시했습니다. 그의 설득력 있는 연설과 희망의 메시지는 수많은 사람에게 행동할 용기를 주었고, 민권 운동에 대한 열정과 헌신을 고취시켰습니다. 그는 더 나은 미래에 대한 공동의 꿈을 심어 주었습니다.

킹 목사는 비폭력 저항이라는 확고한 신념을 몸소 실천하며 감옥에 갇히는 고통까지 감내하는 모범을 보였습니다. 그의 개인적인 희생과 도덕적 용기는 그를 따르는 사람들에게 깊은 존경심을 주었고, 그의 리더십에 강력한 카리스마를 부여했습니다. 그는 자신의 삶을 통해 설파하는 가치를 증명하며, 민권 운동의 상징적인 존재가 되었습니다.

킹 목사는 인종차별이라는 고착화된 사회 구조에 대해 근본적인 질문을 던지며, 사람들이 기존의 편견을 새로운 시각으로 바라보도록 지적인 자극을 주었습니다. 그는 인종차별이 모든 미국인의 도덕적, 사회적 문제임을 깨닫게 했고, 비폭력 저항이라는 새로운 방식을 통해 사회 변화를 이끌어낼 수 있다는 아이디어를 제시하며 수많은 사람의 사고를 변혁시켰습니다.

이 세 인물의 사례는 변혁적 리더십이 효율성을 넘어 사람들의 마음과 정신을 움직여 새로운 가능성을 연다는 것을 보여 줍니다. 변혁적 리더는 구성원들에게 도전적인 목표를 제시하고 잠재력을 믿어 주며, 지적으로 자극하고 개별적으로 배려함으로써, 그들 스스로가 변화의 주체가 되어 조직이나 사회를 더 높은 곳으로 이끌도록 돕습니다. 복잡하고 빠르게 변화하는 현대 사회에서 변혁적 리더십은 기존의 틀을 깨고 새로운 가치를 창출하며, 위기를 기회로 전환하는 데 필수적인 모델입니다.

4장

변혁적 리더십 자기평가
Self-Check List

조직의 혁신은 리더 자신의 변화에서 시작됩니다. 당신의 변혁적 리더십 DNA는 몇 점일까요? 다음의 문항들은 변혁적 리더십의 네 가지 핵심 요소를 얼마나 실천하고 있는지 스스로 점검할 수 있도록 돕는 질문들입니다. 솔직하게 자신을 평가하여 당신의 강점과 개선할 부분을 명확히 파악하고 변화의 동력을 얻기 바랍니다.

다음 문항에 대해 5점 척도로 응답하십시오. (1점: 전혀 그렇지 않다, 2점: 거의 그렇지 않다, 3점: 보통이다, 4점: 대체로 그렇다, 5점: 매우 그렇다)

문항	1점	2점	3점	4점	5점
1. 나는 팀원에게 영감을 주는 비전을 명확하게 제시한다.					
2. 나는 팀원이 조직의 목표 달성에 자부심을 느끼도록 한다.					
3. 나는 팀원에게 긍정적인 미래에 대한 희망을 불어넣는다.					
4. 나는 팀원이 자신의 역할을 넘어서는 성과를 내도록 동기부여한다.					
5. 나는 팀원이 창의적으로 생각하고 문제를 해결하도록 격려한다.					
6. 나는 팀원이 새로운 아이디어를 제안하도록 장려한다.					
7. 나는 팀원이 기존 방식에 의문을 제기하고 개선점을 찾도록 돕는다.					
8. 나는 팀원의 개인적인 성장과 발전에 관심을 기울인다.					
9. 나는 팀원 각자의 강점과 약점을 파악하고 개별적으로 지도한다.					
10. 나는 팀원이 필요로 할 때 기꺼이 도움을 제공한다.					
11. 나는 팀원에게 높은 성과에 대한 기대를 명확하게 전달한다.					
12. 나는 팀원에게 롤 모델이 되려고 노력한다.					
13. 나는 팀원에게 강한 소속감을 심어 준다.					
14. 나는 팀원과 진심으로 소통하고 그들의 의견을 경청한다.					
15. 나는 팀원이 변화를 두려워하지 않고 받아들이도록 돕는다.					
16. 나는 팀원에게 도전적인 목표를 설정하도록 격려한다.					
17. 나는 팀원이 실패를 두려워하지 않고 시도하도록 지원한다.					
18. 나는 팀원이 스스로 발전하고 성장할 수 있도록 코칭한다.					
19. 나는 팀의 비전과 가치를 행동으로 보여 준다.					
20. 나는 팀원이 더 나은 자신과 더 나은 조직을 만들도록 이끈다.					
총점					

평가 방법 및 성장을 위한 조언

모든 문항의 점수를 합산하여 총점을 계산합니다.

총점	평가	성장을 위한 조언
80점 이상	변혁적 리더십 역량이 매우 높음	팀원에게 영감을 주고, 지적 자극을 제공하며, 개별적인 배려를 통해 높은 성과와 성장을 훌륭하게 이끌어 내고 있습니다.
60-79점	변혁적 리더십 역량이 비교적 양호함	팀원에게 동기부여하고 잠재력을 끌어내는 노력을 더욱 강화할 필요가 있습니다.
40-59점	변혁적 리더십 역량이 보통 수준	이상적인 영향력, 영감적 동기 부여, 지적 자극, 개별적 배려의 네 가지 요소에 대한 깊은 이해와 적용 노력이 필요합니다.
39점 이하	변혁적 리더십 역량 개선이 시급함	리더로서 팀원에게 비전을 제시하고, 변화를 이끌어 내는 역량을 적극적으로 개발해야 합니다.

5장

변혁적 리더십 훈련 로드맵:
내 안의 혁신 동력을 깨우는 4주 훈련 미션

변혁적 리더십은 목표 달성을 넘어, 직원들에게 영감을 주고 비전을 제시하여 더 높은 수준의 성과와 개인적인 성장을 이루도록 돕는 혁신 엔진입니다. 이는 이상적 영향력, 영감적 동기 부여, 지적 자극, 개별적 배려라는 네 가지 핵심 요소를 지속적으로 훈련하여 개발됩니다. 다음의 훈련 미션들은 리더십을 '지시와 통제'가 아닌 '영감과 성장'의 관점으로 재정립하고, 조직의 혁신과 성장을 주도하기 위한 구체적인 방법입니다. 이 훈련을 통해 리더는 변혁적 리더십의 본질을 내면화하고, 팀원에게 긍정적인 영향을 미쳐 조직의 혁신과 지속적인 성장을 주도할 수 있습니다. 최소 4주 변혁적 리더십의 내용을 되새기며 훈련하고, 이 책의 다른 리더십에 도전하기 바랍니다.

핵심 구성 요소	목표 역량	훈련 미션: 리더의 혁신 근육 키우기	함께하면 더 좋은 그룹 미션
1. 이상적 영향력 (Idealized Influence)	신뢰와 존경을 얻는 롤 모델 되기	**비전 스토리텔링 연마** 팀/조직의 변혁적 비전을 수립하고, 이 비전을 다른 사람들에게 영감을 줄 수 있는 강력한 이야기 형식으로 전달하도록 연습하세요. 당신의 가치와 행동이 일치하도록 리더십 일지를 작성하세요.	**비전 공유 워크숍** 팀원들 앞에서 자신의 비전을 설득력 있게 발표하고, 공감을 이끌어 내는 스토리텔링에 대한 피드백을 주고받습니다.
2. 영감적 동기 부여 (Inspirational Motivation)	열정과 긍정적 기대를 심어 주기	**챌린지 기반 프로젝트 주도** 높은 수준의 도전적인 과제를 선정하고, 팀원에게 긍정적인 미래에 대한 희망을 불어넣으세요. 높은 성과에 대한 기대를 명확히 전달하고, 그들이 자부심을 느끼도록 독려하세요.	**동기 부여 스피치 챌린지** 팀원의 잠재력을 극대화할 수 있는 격려 및 동기 부여 메시지를 작성하고 발표하는 연습을 합니다.
3. 지적 자극 (Intellectual Stimulation)	창의적 사고와 문제 해결 격려	**틀 깨기 훈련** 팀원이 기존 방식에 의문을 제기하고, 창의적으로 생각하며 문제를 해결하도록 격려하세요. 실패를 '학습의 기회'로 여기고, 새로운 아이디어를 제안하도록 장려하는 문화를 조성하세요.	**가상 시나리오 토론** 팀/조직 안의 윤리적 딜레마나 시장 위기 상황을 설정하고, 다각적인 관점에서 해결책을 토론하며 거시적 안목을 키웁니다.
4. 개별적 배려 (Individualized Consideration)	맞춤형 성장 지원 및 코칭	**맞춤형 성장 계획 수립** 팀원 각자의 강점과 약점을 파악하여 개인별 맞춤형 코칭과 지도를 제공하세요. 감성 지능(EQ) 및 공감 능력을 향상시키기 위한 훈련을 통해 그들의 감정과 니즈를 깊이 이해하세요.	**피어 코칭 및 멘토링 실습** 팀/조직 안에서 서로의 리더십 개발 계획을 공유하고, 정기적으로 코칭 세션을 운영하며 상호 성장을 지원합니다.

5부
소금과 빛으로 침투하는
하나님 나라 리더십

리더십을 완성하는
새로운 패러다임

5

"현실은 너무 버거운데,
하나님 나라는 정말 가능한 이야기일까"

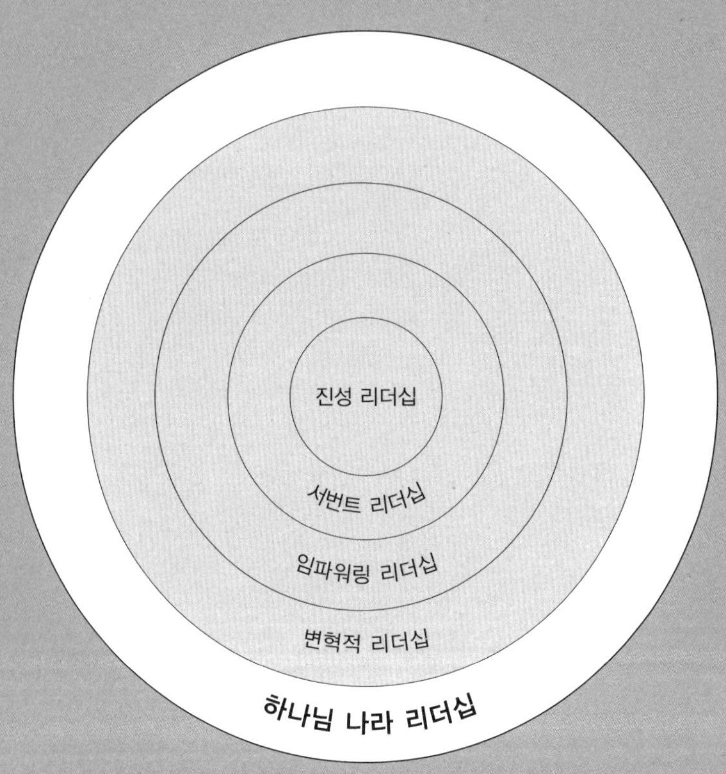
진성 리더십
서번트 리더십
임파워링 리더십
변혁적 리더십
하나님 나라 리더십

"현실은 너무 버거운데,
하나님 나라는 정말 가능한 이야기일까"

세상 속에서 작동하는
하나님 나라의 다섯 가지 실재

하나님 나라 리더십(Kingdom Leadership)은 우리가 앞서 다루었던 모든 리더십 모델을 통합하고 완성하는 새로운 패러다임입니다. 이는 개인의 진성 리더(성령의 능력으로 거듭난 리더의 내면), 관계 차원의 서번트 리더십(이웃을 섬기는 관계), 조직 차원의 임파워링 리더십(집단에 능력을 부여함), 그리고 사회 차원의 변혁적 리더십(사회 모든 영역을 변혁함)을 아우릅니다.

하나님 나라는 성경과 예수님의 핵심 메시지로, 하나님이 다스리시는 나라입니다. 우리는 하나님의 백성으로서 그분의 통치와 주권을 세상 속에 이루어 갑니다. 하나님의 통치는 리더 개인을 거듭나게 하고, 이웃과의 관계 속에서 만나는 사람들을 섬기게 하며, 리더가 속한 집단에게 능력을 부여합니다. 나아가 사회 모든 영역을 변혁하여, 마침내 하나님의 뜻을 세상에 이루고 하나님의 영광을 세계에 나타냅니다. 하나님 나라 리더십의 궁극적인 목적은 하나님의 통치를 세상 속에 구현하는 것입니다.

예수님은 마태복음 13장에서 비유를 통해 하나님 나라에 대한 위대한 진리를 가르쳐 주셨으며, 그 특징은 다음 다섯 가지 실재로 요약할 수 있습니다.

첫째, 하나님 나라는 실재합니다.

그 나라는 볼 수 있고(막 9:1), 들어갈 수 있으며(요 3:5), 상속받을 수 있습니다(마 25:34). 예수님은 "하나님의 나라는 너희 안에 있느니라"(눅 7:21)고 말씀하셨습니다. 이 실재를 깨닫는 리더는 세상의 재물을 주인 삼지 않고, 하나님 나라를 가장 먼저 구합니다.

둘째, 하나님 나라는 세상 문화 속으로 침투하고 있습니다.

예수님은 하나님 나라가 누룩(효모)과 같다고 하셨습니다(마 13:33). 그리스도인은 세상 속에 소금과 빛으로 침투해 들어가는 존재이며, 리더가 살아가는 삶의 현장 어디에서나 그들은 빵 속의 효모와 같이 하나님 나라를 확장하는 선교사로서 세상 속으로 깊숙이 들어가야 합니다. 제자들을 세상으로부터 부르신 소명(calling)과 그들을 세상으로 보내신 사명(mission)은 분리될 수 없습니다. 하나님 나라 리더들은 하나님의 절대 주권을 인정하며, 하나님 나라의 가치와 문화를 삶의 모든 영역(정치, 경제, 사회, 종교, 예술 등)에 구현하는 것을 소명으로 알고 헌신합니다.

셋째, 하나님 나라는 영적 반대 세력에 맞섭니다.

씨 뿌리는 비유에서 사탄은 악한 영의 세력을 동원해 하나님 나라의 확장을 끊임없이 가로막고 있습니다(마 13:25). 하나님 나라의 성장을 방해하는 사탄은 실재하며, 우리는 이러한 사탄의 권세에 맞서 용감하게 싸우는 하나님 나라의 리더들이 절실히 필요합니다.

넷째, 하나님 나라는 위대한 가치를 가졌습니다.

하나님 나라는 마치 밭에 감추인 보화와 같고(마 13:44), 극히 값진 진주와 같다(마 13:46)고 말씀하셨습니다. 우리가 소유한 그 어떤 것도 하나님 나라에 들어가는 가치와 같을 수 없습니다. 하나님 나라의 가치를 깨달을 때, 우리는 가진 모든 것을 기꺼이 팔아 새로운 보물을 얻기 위해 노력할 것입니다.

다섯째, 하나님 나라는 확장되고 있으며 이를 막을 수 없습니다.

예수님은 씨가 싹을 틔우고 자라 열매 맺는 비유를 통해 하나님 나라의 확장을 말씀하셨습니다(막 4:26-29). 하나님 나라의 좋은 씨앗들은 주변의 엉겅퀴와 같은 장애물에도 불구하고 자라 결국 열매를 맺습니다. 세상에 죄와 악이 성행한다 할지라도, 하나님은 그분의 영광을 위하여 하나님 나라를 확장하는 일을 계속하십니다.

2장

하나님 나라 리더십의
일곱 가지 핵심 요소

예수 그리스도의 생애와 사역은 하나님 나라의 통치와 가치를 이 땅에 몸소 구현한 완벽한 모범입니다. 그분의 리더십은 단순한 도덕적 가르침이나 이론이 아니라, 하나님의 주권 아래 세상을 변혁시키는 역동적이고 생명력 넘치는 실천이었습니다.

우리는 예수님의 삶을 통해 시대를 초월하여 모든 하나님 나라 리더가 따라야 할 일곱 가지 핵심 요소들을 발견합니다. 이들은 앞에서 살펴본 예수님의 진성 리더십, 서번트 리더십, 임파워링 리더십, 변혁적 리더십의 핵심 요소들을 통합합니다.

하나님의 주권 인정: 자기를 비우고 하늘의 뜻을 따르다

하나님 나라 리더십의 가장 근본적인 토대는 하나님의 주권 인정입니다. 예수님은 자신의 지위나 능력에 기대지 않고, 모든 권위와 능력의 근원이 오직 하나님 아버지께만 있음을 분명히 하셨습니다. 그분의 모든 움직임은 인간적인 야망이 아닌, "내가 진실로 진실로 너희에게 이르노니 아들이 아버지께서 하시는 일을 보지 않고는 아무것도 스스로 할 수 없나니"(요 5:19)라는 절대적인 순종에서 비롯했습니다. 이 주권 인정은 초월적인 기적들로 증명됩니다.

예수님이 폭풍우 치는 바다를 향해 "잠잠하라, 고요하라"고 명하셨을 때(막 4:39), 제자들은 바람과 바다도 순종하는 예수님 앞에 경외감을 느꼈습니다. 그 예수님이 죽은 나사로를 살리시면서(요 11장) 모든 능력의 근원이 하나님께 있음을 고백하셨습니다. 하나님 나라 리더는 성공 시 하나님의 은혜를 인정하고, 실패 시에도 그분의 주권을 신뢰하며 겸손을 유지하는 '자기를 비운 리더십'을 보여 줍니다.

말씀과 기도 의존: 초월적인 능력을 공급받다

예수님은 모든 사역의 원천이 자신의 지혜나 능력이 아닌 하나님의 말씀과 기도에 있음을 보여 주셨습니다. 리더는 자신의 능력에 의존하지 않고, 초월적인 하나님의 지혜와 능력에 겸손히 자신을 맡깁니다. 공생애 내내 예수님은 새벽 아직도 밝기 전에 일어나 한적한 곳으로 가 기도하셨습니다(막 1:35). 이는 사역의 바쁨 속에서도 하나님과의 깊은 교제를 우선순위에 둔 영적 리더십의 핵심입니다. 또한, 광야에서 사탄의 시험을 물리치실 때도 "기록되었으되"라고 말씀하시며 하나님의 말씀에 대한 절대적인 의존성을 보여 주셨습니다(마 4장). 하나님 나라 리더십은 중요한 결정을 앞두고 성경적 원리를 숙고하고 기도하며 하나님의 뜻을 분별하는 영적 의존성을 가집니다.

공의와 정의 추구: 불의한 시스템에 맞서다

하나님 나라 리더는 공의와 정의를 추구하는 헌신적인 자세를 가집니다. 예수님은 율법의 본질이 사랑뿐 아니라 정의와 긍휼과 믿음임을 가르치셨고, 당시 종교 지도자들의 위선적인 행태를 용납하지 않으셨습니다. 이 정의에 대한 열정은 예루살렘 성전에 들어가 상인들을 내쫓으신(마 11:15-17) 사건에서 극명하게 드러납니다. 예수님은 성전이 탐욕의 장소로 변질된 시스템 자체에 정면으로 맞서시며, "내 집은 기도하는 집"이라고 선포하셨습니다. 예수님은 개인적인 정직함을 넘어, 사회 구조와 시스템 안에 존재하는 불의를 파악하고 개선하려는 변혁적인 의지를 보여 주셨습니다. 부당한 차별이나 억압에 침묵하지 않고 목소리를 내며, 특히 소외되고 힘없는 이들의 편에 서서 그들의 권익을 옹호하는 것이 하나님 나라 리더십의 핵심 덕목입니다.

긍휼과 자비 실천: 고통의 현장에 뛰어들다

예수님의 사역 전체를 관통하는 가장 감동적인 동력은 바로 긍휼과 자비의 실천입니다. 예수님은 고통받는 이웃을 향한 깊은 공감과 연민을 보이셨습니다. 성경은 "예수께서 나오사 큰 무리를 보시고 불쌍히 여기사 그 중에 있는 병자를 고쳐 주시니라"(마 14:14)라고 기록하고 있습니다. 예수님의 긍휼은 나병 환자에게 직접 손을 내밀어 만지시는(막 1:40-42) 구체적인 행동으로 나타났습니다. 당시 사회에서 격리되어야 했던 그에게 다가가 치유하셨고, 사회적 배척의 벽을 허무셨습니다. 또한, 천대받던 세리 삭개오를 찾아가 함께 식사하셨으며(눅 19:1-10), 사마리아 여인에게 먼저 말을 건네셨습니다. 이는 단순히 감정적인 동정을 넘어, 회복적 사랑의 실천을 통해 어려움에 처한 사람들에게 다가가 그들의 삶에 실제적인 변화를 가져오는 것을 목표로 했습니다.

겸손과 자기 비움: 십자가에서 완성된 헌신

예수 그리스도는 하나님 나라 리더십의 본질이 권력을 통한 통치가 아닌 겸손을 통한 섬김에 있음을 선포하셨습니다. "나는 섬기는 자로 너희 중에 있노라"(눅 22:27)고 말씀하시며, 리더의 본질적인 정체성이 섬김에 있음을 선포하셨습니다. 하나님 나라 리더십에서 섬김은 단지 수단이 아니라, 리더의 본질적인 정체성입니다. 최후의 만찬 자리에서 예수님은 친히 수건을 허리에 두르고 제자들의 발을 씻기심으로써(요 13장) 가장 낮은 섬김의 본을 보이셨습니다. 그리고 이 섬김은 "사람이 친구를 위하여 자기 목숨을 버리면 이보다 더 큰 사랑이 없나니"(요 15:13)라는 궁극적인 자기 희생을 통해 완성되었습니다. 이처럼 예수님은 리더의 지위나 권력을 개인적인 이익을 위해 사용하지 않고, 오직 공동체와 구성원들의 유익을 위해 헌신하는 솔선수범의 모범을 보여 주셨습니다.

변혁적 소명 의식: 잃어버린 자를 찾아 구원하다

하나님 나라 리더는 세상을 단순히 현상 유지하는 것이 아니라, 하나님의 뜻에 따라 죄악과 불의로 오염된 세상을 근본적으로 회복시키고 변혁시키려는 강력한 사명감을 가집니다. 예수님은 "인자가 온 것은 잃어버린 자를 찾아 구원하려 함이니라"(눅 19:10)고 자신의 사명을 명확히 하셨습니다. 예수님의 사역은 병을 고치는 데 그치지 않고, 죄 사함을 선포함으로써 인간의 근본적인 문제인 영혼의 회복을 목표로 했습니다. 중풍병자를 고치실 때도(막 2:5-12), 병을 고치기 전에 "작은 자야 네 죄 사함을 받았느니라"고 말씀하셨습니다. 이는 단기적인 문제 해결을 넘어, 사회 전체의 근본적인 변화와 하나님 나라가 이 땅에 임하는 것을 목표로 삼는 혁신적인 리더십이었습니다.

제자 공동체 형성: 지속가능한 영향력을 남기다

하나님 나라 리더십은 리더 개인이 모든 것을 이끌어 가는 것이 아니라, 리더와 구성원들이 함께 예수 그리스도의 제자로서 배우고 성장하며 서로를 섬기는 공동체적 맥락에서 발휘됩니다. 예수님은 자신의 사역이 십자가 이후에도 지속되도록 제자 공동체의 중요성을 강조하셨습니다. 예수님은 12명의 제자를 택하여 가르치고 훈련시키셨으며, 그들과 함께 먹고 자는 밀착된 삶을 통해 하나님 나라의 가치를 전수하셨습니다. 마침내 "너희는 가서 모든 민족을 제자로 삼"(마 28:19)으라는 위대한 사명을 부여하셨습니다. 하나님 나라 리더는 다른 구성원들이 예수님의 제자로 온전히 세워지도록 돕고, 공동체 자체가 하나님 나라의 가치를 세상에 증거하는 모델이 되도록 이끌어 지속가능한 영향력을 남깁니다.

3장

하나님 나라 선교 운동: 영역 선교의 구체적 실천

하나님 나라 리더십은 삶의 모든 영역에 하나님의 주권과 가치를 실현하려는 변혁적인 운동입니다. 주요 선교 신학자들의 통찰을 바탕으로, 이 리더십은 정치, 비즈니스, 사회, 종교라는 세상의 핵심 영역에서 구체적인 선교 운동으로 나타납니다.

하나님 나라 선교신학을 형성한 네 명의 거장들

| 아브라함 카이퍼(Abraham Kuyper) |

영역 주권 사상을 통해 종교, 정치, 예술 등 삶의 모든 영역이 하나님의 주권 아래 있음을 강조하며, 하나님 나라 리더십의 활동 영역을 무한히 확장했습니다.

| 하워드 스나이더(Howard A. Snyder) |

《하나님 나라의 모델》을 통해 교회가 그리스도의 몸으로써 하나님 나라의 새 질서와 가치가 세상 속으로 들어오도록 만드는 선교의 주체가 되어야 함을 주장하며 실천적 원리를 제공했습니다.

| 앨런 허쉬 (Alan Hirsch) |

선교적 교회론을 통해 교회가 사도적 특성을 회복하고 세상 속에서 작은 예수로 살아가는 하나님 나라 선교사를 양성해야 함을 역설하며 리더십의 운동가적 역할을 강조했습니다.

| 크리스토퍼 라이트 (Christopher J. H. Wright) |

《하나님의 백성의 선교》에서 하나님의 선교(Missio Dei)가 성경 전체의 통일된 주제임을 보여 주며, 선교는 복음 전도와 사회적 책임을 아우르는 전인적, 총체적인 것임을 확립했습니다.

세상을 변화시키는 네 가지 킹덤 무브먼트

이 신학적 통찰은 세상의 각 영역에서 다음과 같은 구체적인 운동으로 실현됩니다.

| 정치 영역: 인간 존엄을 세우는 기독민주주의 운동 |

기독민주주의(Christian Democracy)는 19세기 말과 20세기 초

유럽에서 가톨릭의 사회 가르침과 개신교의 사회 참여 정신이 결합하며 탄생한 정치 이념입니다. 이 운동의 핵심은 중용과 연대에 있습니다. 극단적인 자본주의의 비정함과 공산주의의 유물론적 접근을 모두 거부하며, 인간을 국가나 시장의 도구가 아닌 '하나님의 형상대로 지음 받은 존엄한 존재'로 봅니다. 이 운동을 깊이 이해하기 위해 반드시 알아야 할 세 가지 원칙이 있습니다.

보조성의 원리(Subsidiarity): 국가가 모든 것을 결정하는 것이 아니라, 가정, 교회, 지역 공동체 등 하부 단위가 스스로 결정할 수 있도록 권한을 분산해야 한다는 원칙입니다.

공동선(Common Good): 개인의 자유를 존중하되, 공동체 전체의 유익과 조화를 이루어야 함을 강조합니다.

사회적 시장 경제(Social Market Economy): 자유로운 경제 활동을 보장하되, 국가가 개입하여 사회적 안전망을 구축하고 약자를 보호하는 모델입니다.

기독민주주의를 이론에서 현실 정치로 끌어올려 현대 유럽의 토대를 닦은 대표적 인물은 콘라트 아데나워(Konrad Adenauer)인데 그는 제2차 세계대전 이후 폐허가 된 독일을 재건한 초대 총리로서 기독교민주연합(CDU)을 창당하며 가톨릭과 개신교를 통합한 정치를 선보였습니다. "인간의 존엄은 침해될 수 없다"는 독일 기본법 제1조를 확립하며 나치즘의 잔재를 씻어 내고 라인강의 기적을 일궈 냈습니다.

| 비즈니스 영역: 일터를 선교지로 만드는 BAM 운동 |

BAM(Business as Mission) 운동은 비즈니스 활동 자체가 선교적 목적을 이루는 도구가 되어야 한다는 신념입니다. BAM 리더들은 공정한 직업 윤리, 일자리 창출, 환경 보전 등을 통해 하나님의 공의와 긍휼, 그리고 창조 세계 보전의 사명을 통합적으로 실천합니다. BAM은 카이퍼의 영역 주권을 시장과 경제 활동이라는 일상의 영역에 적용하여 하나님의 통치가 삶의 모든 현장에 미치도록 합니다.

| 사회 영역: 깨진 세상을 회복시키는 빈곤 종식 운동 |

사회 영역에서의 하나님 나라 운동은 긍휼과 정의를 행동으로 옮겨 빈곤을 종식시키고 깨진 세상을 회복하는 데 집중합니다. 월드비전(World Vision)이나 컴패션(Compassion) 같은 초교파적인 대형 기독교 국제 개발 NGO가 이를 이끌고 있습니다. 이들은 단순히 구제를 넘어 시스템적인 변화를 추구하며 샬롬(Shalom)을 구현하고자 합니다. 이는 크리스토퍼 라이트가 강조한 총체적 선교의 정신을 사회적 책임을 통해 명확히 실현하는 실천적 증거입니다.

| 종교 영역: 세계 교회의 사명을 통합하는 로잔 운동 |

세계 로잔 운동(The Lausanne Movement)은 전 세계 교회와 선교

단체들이 전도와 사회적 책임을 분리할 수 없는 총체적 선교 (Holistic Mission)로 이해하도록 이끌었습니다. 로잔 운동은 세계 복음화의 방향타를 제시하고, 리더들이 연합하여 복음이 세상의 문화와 사회 구조에 적용되도록 이끌고 있습니다. 로잔 운동은 크리스토퍼 라이트와 존 스토트의 총체적 복음을 세계 교회의 연합된 사명으로 통합하고 실행하는 플랫폼으로써, 킹덤 선교 운동의 영적 중심축 역할을 합니다.

이 네 가지 운동은 예수 그리스도의 하나님 나라 리더십이 오늘날 우리의 일터와 삶의 현장에서 어떻게 총체적인 하나님 나라 선교 운동으로 이어지고 있는지를 여실히 증거합니다.

4장

하나님 나라 리더십을
실천한 리더들

앞서 설명한 하나님 나라 리더십 모델의 핵심 요소들을 바탕으로, 정치, 기업, 사회 분야에서 이 리더십을 실제로 발휘한 리더 세 명의 사례를 심층적으로 분석하고자 합니다. 이들의 삶을 통해 하나님 나라 리더십이 어떻게 현실에 적용되고 세상을 변화시켰는지 살펴보겠습니다.

윌리엄 윌버포스 "노예제에 맞선 20년의 끈기, 공의를 세우다"

윌리엄 윌버포스(William Wilberforce)는 18세기 말에서 19세기 초 영국 의회의 저명한 의원이자 사회 개혁가였습니다. 그는 무려 20년이 넘는 긴 세월 동안 끈질기게 노예 무역 폐지 운동을 주도했습니다. 그 결과, 1807년 영국 노예 무역 폐지법 통과에 이어 1833년 노예제 폐지법 통과에 결정적인 역할을 해냈습니다.

월버포스의 리더십은 그의 깊은 기독교 신앙에 뿌리를 두고 있었습니다. 이 신앙은 인류의 가장 추악한 불의였던 노예 제도에 대한 강력한 저항과, 사회의 가장 소외된 이들을 위한 헌신으로 이어졌습니다. 그는 정치라는 영역에서 하나님의 공의를 실현하려 노력한 하나님 나라 리더십의 대표적인 인물입니다.

월버포스는 노예 무역을 '대규모의 죄악'이자 '국가적 오점'이라고 강력히 규탄했습니다. 그는 인간의 자유와 존엄성이라는 성경적 가치를 정치적 영역에서 실현하기 위해 평생을 바쳤습니다. 노예 무역 폐지 운동을 단순히 정치적 목표로 여기지 않고, 하나님이 자신에게 주신 '소명'으로 인식했던 것입니다. 이러한 헌신과 끈질긴 노력은 수많은 생명을 구하고 사회 정의를 바로 세우는 데 결정적인 역할을 했습니다.

그는 자신이 하나님의 도구이며, 모든 권세가 하나님께 있음을 겸손하게 인정했습니다. 매일 성경을 읽고 기도하며 자신의 영적 삶을 견고히 했으며, 모든 정치적 활동과 사회 개혁의 노력은 하나님의 말씀과 기도를 통한 인도하심에 기반하고 있었습니다. 이러한 깊은 소명 의식과 영적 의존성은 그가 20년이 넘는 긴 세월 동안 수많은 좌절과 비난 속에서도 흔들리지 않고 불가능해 보이던 사회 변혁을 추구할 수 있었던 근본적인 동력이었습니다.

윌리엄 월버포스는 하나님의 주권을 인정하고 말씀과 기도에 깊이 의존하며, 거대한 불의에 맞서 공의와 인간의 존엄성을 추구하는 변혁적 소명 의식을 정치 영역에서 끈질기게 실천했습니다. 한 국가와 인류의 역사를 근본적으로 변혁시킨 그의 삶은, 신앙이 어떻게 세상을 바꾸는 강력한 동력이 될 수 있는지를 보여 주는 가장 위대한 정치적 표본입니다.

"윌리엄 윌버포스 경의 끈질긴 노력과 불굴의 정신이 마침내 노예 무역 폐지라는 역사적 승리를 이끌어 냈다. 이는 인류에 대한 그의 깊은 기독교적 긍휼과 정의 추구의 결과이다."

(The London Times, 1807년 3월 26일)

S. 트루엣 캐시 "기업 문화에 성경적 기준을 제시하다"

'칙필레'(Chick-fil-A) 창업자인 S. 트루엣 캐시(S. Truett Cathy)는 '주일 휴무' 원칙을 고수하며 기업의 이윤보다 직원과 가족, 공동체의 가치를 우선시했습니다. 그는 성경적 원칙에 따라 기업을 운영하며 고객을 섬기고, 직원들의 영적·재정적 성장을 지원하는 데 힘썼습니다. 그의 리더십은 비즈니스를 통해 하나님의 사랑과 섬김의 정신을 실천하는 모범을 보여 주었습니다.

이러한 경영 철학은 칙필레를 미국에서 가장 성공적이고 존경받는 기업 중 하나로 만들었습니다.

트루엣 캐시는 자신의 사업을 단순히 이윤 추구 수단이 아니라 하나님의 목적을 이루기 위한 도구인 '사역'으로 여겼습니다. 그는 성경적 원칙에 따라 기업을 운영하고 주일 휴무 원칙을 고수하며 신앙의 가치를 최우선에 두었습니다. 이는 기업의 성공과 운영이 전적으로 하나님의 뜻과 섭리 안에 있음을 인정하고, 그분의 말씀에 순종하려는 확고한 믿음의 표현입니다. 그는 "성경적 원칙과 좋은 비즈니스 관행이 상충되지 않는다"고 믿으며, 하나님의 주권 아래에서 비즈니스가 성공할 수 있음을 몸소 보여 주었습니다.

캐시의 리더십은 철저한 섬김의 자세를 보여 줍니다. 그는 기업의 이윤보다 직원과 가족, 공동체의 가치를 우선시했으며, 타인을 섬기는 것을 최우선으로 강조했습니다. 고객을 가장 중요하게 여기고, 직원들의 영적, 재정적 성장을 지원하는 데 힘썼습니다. 이는 비즈니스 환경에서도 섬김이 성공의 핵심 동력이 될 수 있음을 입증했고, '원칙과 사람을 이윤보다 우선시하는 경영 철학'을 통해 기업 문화에 대한 새로운 기준을 제시했습니다. 그의 이러한 변혁적인 목적 의식은 칙필레를 존경받는 기업으로 만드는 데 결정적인 역할을 했습니다.

게리 하우겐(Gary Haugen)은 국제 정의 선교회(International Justice Mission, IJM)의 설립자이자 CEO입니다. IJM은 전 세계적으로 노예 제도, 성매매, 폭력 등 빈곤층에 대한 폭력적 불의를 종식시키기 위해 법 집행, 피해자 구출 및 회복, 법률 시스템 강화 등을 통해 싸우는 비영리 인권 단체입니다. 하우겐은 미국 법무부 검사 출신으로, 자신의 법률 전문성을 가지고 하나님의 공의와 정의를 세상에 실현하려는 깊은 소명 의식으로 이 운동을 시작했습니다.

하우겐은 전 세계 빈곤층에 대한 폭력적 불의(노예 제도, 인신매매, 성매매 등)를 하나님의 공의에 반하는 죄악으로 인식했습니다. 그는 법률 시스템의 취약성이 이러한 불의를 조장한다고 보고, 법 집행을 통해 정의를 구현하고 사회 시스템을 변혁시키는 데 전념했습니다. 그의 리더십은 단순한 구호 활동을 넘어, 구조적인 불의에 대한 하나님의 정의를 추구하는 강력한 변혁적 소명 의식에서 나옵니다.

IJM은 구출된 피해자들의 고통에 깊이 공감하며, 단순히 자유를 주는 것을 넘어 그들의 신체적, 심리적, 영적 회복을 위한 장기적인 지원을 제공합니다. 이는 고통받는 이웃에 대한 깊은 긍휼과 자비의 실천이자, 사회의 가장 낮은 곳에 있는 이들을 찾아가 직접 섬기는 겸손한 자세를 보여 줍니다. 하우겐은 자신의 사역이 하나님의 부르심에서 비롯되었음을 확신하고, 모든 어려운 순간에 말씀과 기도로 하나님의 인도하심을 구했습니다. 자신의 힘으로는 불가능하다는 것을 인정하고, 역경 속에서 하나님의 주권적인 개입과 능력을 신뢰하는 이러한 영적 의존성이 IJM의 위험하고 어려운 사역을 지속하는 원동력이 되었습니다.

하우겐은 하나님의 공의와 긍휼을 실현하려는 강력한 소명의식을 가지고, 전 세계의 폭력적 불의에 맞서 싸우며 법률적·사회적 시스템을 변혁시키는 데 헌신한 하나님 나라 리더십의 용감한 행동가입니다. 그의 삶은 기독교적 신념이 가장 어두운 현실 속에서 강력한 정의 실현의 동력이 될 수 있음을 입증했습니다.

> ○
>
> "IJM은 하나님의 정의를 세상에 구현하기 위해 존재한다. 우리는 가장 가난한 사람들의 필요를 섬기고, 그들이 폭력으로부터 보호받고 존엄성을 되찾을 수 있도록 헌신한다."
>
> (International Justice Mission 공식 웹사이트)

5장

소명 DNA 자기 진단
Self-Check List

당신은 어떤 리더입니까?

성공적인 리더십의 시작은 자기 인식입니다. 내가 얼마나 하나님의 뜻을 따라 리더십을 발휘하고 있는지, 내 소명의 심장은 어떤 상태인지 점검하는 것은 성장의 가장 중요한 첫걸음입니다.

우리의 하나님 나라 소명 DNA는 몇 점일까요? 지금부터 이어지는 문항들은 우리가 하나님 나라 리더십의 핵심 가치와 역량을 얼마나 잘 실천하고 있는지 스스로 돌아볼 수 있는 질문들입니다. 정답은 없으며, 솔직하게 자신을 평가하는 것이 중요합니다. 이 점검을 통해 나의 강점은 무엇인지, 그리고 더 노력해야 할 부분은 어디인지 명확히 파악하고 다시 도전하는 용기를 얻기 바랍니다.

다음 문항에 대해 5점 척도로 응답하십시오. (1점: 전혀 그렇지 않다, 2점: 거의 그렇지 않다, 3점: 보통이다, 4점: 대체로 그렇다, 5점: 매우 그렇다)

문항	1점	2점	3점	4점	5점
1. 나는 리더로서 나의 역할이 하나님이 주신 소명이라고 믿는다.					
2. 나는 나의 리더십을 통해 하나님의 공의와 사랑을 실천하려고 노력한다.					
3. 나는 겸손한 마음으로 팀원을 섬긴다.					
4. 나는 팀원에게 공정하고 정직하게 대한다.					
5. 나는 소외된 이웃이나 약한 자들을 돕는 데 관심을 기울인다.					
6. 나는 물질적인 성공보다 영적인 가치를 더 중요하게 생각한다.					
7. 나는 팀원의 영적 성장을 돕는 데 기여하려고 노력한다.					
8. 나는 모든 사람을 존중하며 차별하지 않는다.					
9. 나는 나의 결정이 사회 전체에 미칠 영향을 고려한다.					
10. 나는 갈등 상황에서 화해와 용서를 추구한다.					
11. 나는 나의 권위를 다른 사람들을 섬기는 데 사용한다.					
12. 나는 팀원에게 희망과 긍정적인 영향을 미치려고 노력한다.					
13. 나는 나의 삶과 리더십을 통해 하나님을 증거하려고 한다.					
14. 나는 어려움 속에서도 믿음으로 인내한다.					
15. 나는 팀원에게 책임을 부여하고 그들의 성장을 돕는다.					
16. 나는 나의 약점을 인정하고 하나님의 도우심을 구한다.					
17. 나는 팀원과 함께 기도하고 영적인 교제를 나눈다.					
18. 나는 리더로서 나의 행동이 팀원에게 모범이 되도록 노력한다.					
19. 나는 하나님의 뜻을 분별하고 그에 따라 리더십을 발휘하려고 한다.					
20. 나는 하나님 나라의 가치를 조직 문화와 활동에 반영하려고 한다.					
총점					

평가 방법 및 성장을 위한 조언

모든 문항의 점수를 합산하여 총점을 계산하십시오. 점수에 따른 평가와 성장을 위한 조언은 다음과 같습니다.

총점	평가	성장을 위한 조언: 소명의 길을 걷다
80점 이상	최고의 하나님 나라 리더	성경적 가치와 원칙에 따라 리더십을 발휘하며, 공의와 사랑을 실천하는 탁월한 소명자입니다. 현재의 리더십은 공동체와 세상에 강력한 선한 영향력을 끼치고 있습니다. 이 좋은 영향력을 지속적으로 확장하고, 특별히 다음 세대를 양육하는 데 힘써 이 귀한 소명을 계승하십시오.
60–79점	성장 잠재력이 높은 리더	영적 원칙과 실천을 리더십에 통합하는 역량이 비교적 양호합니다. 하나님 나라 리더십의 본질을 이해하고 실천하려는 의지가 강하며, 많은 부분에서 긍정적인 평가를 받았습니다. 하지만 아직 소명 발휘에 머뭇거리거나 어려움을 겪는 영역이 있을 수 있습니다. 다음의 훈련 미션에 참여하여 부족한 부분을 의도적으로 강화할 필요가 있습니다. 성장 잠재력이 크니 더욱 정진하십시오.
40–59점	보통 수준의 리더	하나님 나라 리더십의 개념은 알고 있으나, 실제 행동과 실천에 옮기는 데 어려움이 있습니다. 이론과 실천 사이에 간극이 존재하며, 리더십의 일부 영역에서는 세상의 가치관이 앞서고 있을 수 있습니다. 겸손, 섬김, 정의, 희생 등 핵심 가치에 대한 깊은 이해와 자기 성찰이 시급합니다. 리더십의 방향을 점검하고 근본적인 변화의 필요성을 인식해야 할 때입니다.
39점 이하	근본적인 변화가 필요한 리더	하나님을 섬기는 태도와 리더십의 행동 전반에 대한 근본적인 성찰과 변화가 필요합니다. 이 점수는 리더십의 방향이 하나님 나라의 가치보다는 개인적인 목표나 세상의 성공 기준에 치우쳐 있을 가능성이 높습니다. 이 책에서 제시하는 예수 리더십의 본질과 영적 훈련에 적극적으로 참여하여 리더십의 방향을 세상의 기준에서 소명으로 전환하기 바랍니다.

6장

하나님 나라 리더십 훈련 로드맵:
하나님 나라 리더로 서는 4주 훈련 미션

하나님 나라 리더십은 단순한 지식 습득이 아닌, 삶의 전 영역에서 하나님의 통치와 가치를 실천하는 총체적인 변화를 요구하는 영적 여정입니다. 다음 로드맵은 리더들이 예수 그리스도의 모범을 따라 진정한 하나님 나라 리더로 성장하기 위한 구체적이고 균형 잡힌 훈련 방안입니다. 최소 4주 이상 하나님 나라 리더십의 내용을 되새기며 훈련하고, 이 책의 다른 리더십에 도전하기 바랍니다.

하나님 나라 리더십 훈련은 단기적인 프로그램이 아니라, 평생에 걸쳐 지속해야 할 영적 여정입니다. 이 로드맵을 통해 리더들이 예수 그리스도의 모범을 따라 하나님의 통치를 세상에 드러내는 진정한 하나님 나라 리더로 성장하기를 기대합니다.

훈련 영역	훈련 목표	핵심 내용	실천 방안
뿌리가 깊은 나무가 돼라 (영성 및 인성 강화)	하나님의 주권에 전적으로 의존하는 영적 토대 확립 및 겸손한 내면화.	말씀과 기도 의존, 겸손과 자기 부인	말씀 묵상 매일 QT, 성경 통독/암송, 특정 성경 인물 리더십 연구. 영성 훈련 정시 기도, 기도 노트/영성 일기 작성, 금식기도 경험. 겸손 훈련 섬김의 기회 찾기, 비판 수용 및 피드백 경청, 리더십 특권 내려놓기 연습.
세상을 변혁시키는 힘 (실전 리더십 스킬 강화)	하나님 나라 관점에서 문제에 접근하고, 공의와 섬김으로 실질적인 변혁을 주도.	변혁적 비전 수립, 섬김의 리더십, 공의와 화해 사역	비전 수립 사회 문제를 킹덤 관점에서 분석하고 해결책 연구. 섬김 실천 팀 리더가 솔선수범하여 낮은 자리 섬김, 구성원 코칭 및 멘토링 능력 개발. 화해 사역 갈등 사례 연구/역할극, 비폭력 대화법 학습, 성경적용서와 화해 원리 적용. 정의 행동력 소외 계층 필요 파악, 사회 정의 단체 협력, 정책 개선 캠페인 참여.
현장에서 배우고 체득하라 (체험 중심 실습 및 성찰)	이론을 삶과 사역에 통합하고, 지속적인 성찰을 통한 리더십의 성숙.	현장 체험, 멘토링, 사례 연구, 성찰 피드백	현장 체험 노숙인 센터, 장애인 시설 등 방문 및 정기적 봉사 활동을 통한 긍휼 실천. 멘토링 경험 많은 하나님 나라 리더와 멘토링 관계 맺기, 코칭 세션 참여. 사례 학습 윌버포스, 존 스토트 등 리더십 사례 심층 분석 및 적용 토론. 성찰 리더십 일지 작성, 360도 피드백 요청, 정기적인 자기 성찰 시간 확보.

참고 문헌

○ 각 부의 사례 인물에 관한 신문 기사 및 자료는 구글 AI(Google Geminai 3)의 검색 결과를 참고했습니다.

1부

1. Shamir, B.,&Eilam, G. (2005). "What's your story?" A life-stories approach to authentic leadership development. *The Leadership Quarterly*, 16(3), 395–417.
2. Avolio, B. J.,&Luthans, F. (2006). *The High Impact Leader: Moments Matter in Accelerating Authentic Leadership Development*. McGraw–Hill Professional.
3. Walumbwa, F. O., Avolio, B. J., Gardner, W. L., Wernsing, T. S.,&Peterson, S. J. (2008). Authentic Leadership: Development and Validation of a Theory–Based Measure. *Journal of Management*, 34(1), 89–126.

2부

1. 로버트 K. 그린리프, 강주헌 역, 《서번트 리더십》(*The Servant as Leader*) (참솔, 2006).
2. Larry C. Spears&Michele Lawrence (eds.), *Focus on Leadership: Servant leadership for the 21st century* (Wiley, 2001).
3. Sanjeev Mishra&Anuradha Mishra, "Servant leadership and job satisfaction: The mediating role of psychological

empowerment"(International Journal of Organizational Analysis, 2018).

4. 피터 G. 노스하우스, 김남현 역, 《리더십 이론과 실제》(경문사, 2018).

5. John Stott, *The Cross of Christ* (IVP, 2006).

3부

1. 피터 G. 노스하우스, 김남현 역, 《리더십 이론과 실제》(경문사, 2018).

2. James MacGregor Burns, *Leadership* (Harpercollins, 2010).

3. B. M. Bass, *leadership and performance beyond expectation* (Free Press, 1985).

4. Bruce J. Avolio, *Full leadership development: building the vital forces in organizations* (SAGE Publications, Inc, 1999).

5. B. M. Bass&Bruce J. Avolio, "Multifactor Leadership Questionnaire", 1990.

6. Kenneth S. Dixon, "Jesus as a Transformational Leader", *Biblical Organizational Leadership: Principles from the Life of Jesus in the Gospel of John* (Palgrave Macmillan, 2021).

7. Leighton Ford, *Transforming Leadership: Jesus' Way of Creating Vision, Shaping Values&Empowering Change* (IVP, 1993).

4부

1. 피터 G. 노스하우스, 김남현 역, 《리더십 이론과 실제》(경문사, 2018).

2. James MacGregor Burns, *Leadership* (Harpercollins, 2010).

3. M. Bass, *leadership and performance beyond expectation* (Free Press, 1985).

4. Bruce J. Avolio, *Full leadership development: building the vital forces in organizations* (SAGE Publications, Inc, 1999).

5. B. M. Bass,&Bruce J. *Avolio, Multifactor Leadership Questionnaire*, 1990.

6. Kenneth S. Dixon, "Jesus as a Transformational Leader", *Biblical Organizational Leadership: Principles from the Life of Jesus in the Gospel of John* (Palgrave Macmillan, 2021).

7. Leighton Ford, *Transforming Leadership: Jesus' Way of Creating Vision, Shaping Values&Empowering Change* (IVP, 1993).

8. N. T. Wright, *Paul and the Faithfulness of God* (Fortress Press, 2013).

5부

1. 이장로, 《일터에서 그리스도인으로 사는 길》(두란노, 2020).

2. 아브라함 카이퍼, 박태현 역, 《칼빈주의 강연》(다함, 2021).

3. 하워드 스나이더, 이철민&이승학 역, 《하나님 나라의 모델》(두란노, 1999).

4. 앨런 허쉬, 오찬규 역, 《잊혀진 교회의 길》(아르카, 2020).

5. 존 스토트, 정욱배 역, 《현대 사회 문제와 그리스도인의 책임》(IVP, 2005).

6. Christopher J. H. Wright, *The Mission of God's People: A Biblical Theology of the Church's Mission* (Zondervan Academic, 2010).

THE LORD'S LEADERSHIP